AF401665

DE L'ASSOCIATION

Son influence

SUR LE RAPPROCHEMENT

DE L'OUVRIER & DU PATRON

PAR

FÉLIX BAILLET

Conseiller de Préfecture honoraire

Membre de la Société Académique de Laon.

PARIS

LIBRAIRIE DE LA SOCIÉTÉ DU RECUEIL GÉNÉRAL DES LOIS ET DES ARRÊTS

ET DU JOURNAL DU PALAIS

Ancienne Maison L. LAROSE & FORCEL

22, *rue Soufflot*, 22

L. LAROSE, Directeur de la Librairie

1896

DE L'ASSOCIATION

DE L'ASSOCIATION

Son influence

SUR LE RAPPROCHEMENT

DE L'OUVRIER & DU PATRON

PAR

FÉLIX BAILLET

Conseiller de Préfecture honoraire
Membre de la Société Académique de Laon.

PARIS

LIBRAIRIE DE LA SOCIÉTÉ DU RECUEIL GÉNÉRAL DES LOIS ET DES ARRÊTS

ET DU JOURNAL DU PALAIS

Ancienne Maison L. LAROSE & FORCEL

22, *rue Soufflot,* 22

L. LAROSE, Directeur de la Librairie

1896

Cette étude est placée sous les auspices de la Société Académique de Laon, à laquelle elle a été soumise au cours de ses séances de 1895-1896. La faveur qui l'a accueillie a déterminé l'auteur à respecter la forme sous laquelle elle a été présentée, et il est heureux d'en offrir l'hommage à ses collègues, en témoignage de sa gratitude pour la bienveillance qu'ils lui ont montrée, et pour les précieux conseils et encouragements qu'il en a reçus.

Les pages qui suivent sont donc la reproduction littérale des lectures faites à l'Académie, et il est bon d'indiquer, en quelques mots, le but que s'est proposé l'auteur en les publiant.

S'il est, à notre époque, une question qui ait le triste privilège d'occuper et de préoccuper l'opinion publique, c'est bien celle qui se rattache aux rapports du capital et du travail. En présence des dissensions qui éclatent journellement entre patrons et ouvriers ; dans les doléances des uns et les menaces des autres ; dans les souffrances de tous, on sent qu'il y a un problème social douloureux et inquiétant dont la solution serait un soulagement pour tout le monde.

Le sujet est donc intéressant au premier chef ; mais il est bien vaste, bien complexe ; son étude exigerait de longues recherches parmi les documents que la science économique a accumulés autour de lui.

Un pareil travail n'est pas à la portée de tout le monde, et la lourdeur de la tâche découragerait bien des tentatives. L'auteur a donc cru faire chose utile en se livrant, pour son compte, à une étude approfondie de la matière et en résumant les résultats de cette étude, dans un cadre restreint, qui permit de se faire, sans grand labeur, une idée générale de la situation actuelle de la question.

L'essai qu'on va lire n'a pas la prétention d'être une œuvre originale et d'apprendre quelque chose de neuf ; son but est plus modeste et se borne à un petit effort de synthèse et de vulgarisation. Et l'auteur s'en trouvera suffisamment récompensé s'il a pu, par la facilité qu'il offre, engager un certain nombre de ses concitoyens à s'initier, dans une courte lecture, à la connaissance d'une matière qui touche, par tant de côtés, à l'un des intérêts les plus essentiels des classes ouvrières.

DE L'ASSOCIATION

PREMIÈRE PARTIE

Aperçu Historique

Tout le monde s'accorde à reconnaître que notre pays traverse actuellement une période particulièrement grave de son histoire : Indépendamment de nos regrets patriotiques qui ne s'affaiblissent pas, il n'est que trop évident que nous nous débattons de toutes parts au milieu de difficultés économiques qui nous font souffrir dans le présent et nous inquiètent pour l'avenir ; que le mal est profond ; qu'il s'étend et s'aggrave de jour en jour et que les préoccupations qu'il entretient dans les esprits ne font que grandir avec lui.

Au premier rang des problèmes que pose cette situation, on peut, à coup sûr, placer la question des relations du capital et du travail, et principalement celle des conflits auxquels donnent journellement naissance les rapports entre ouvriers et patrons. Certes des difficultés de cette nature ont toujours existé et les efforts tentés pour les écarter ne les ont pas résolues, mais jamais elles n'ont au même degré qu'aujourd'hui, revêtu un caractère aigu qui, sous la forme incessante de coalitions et de grèves, constitue un des plus sérieux dangers de l'avenir. Il y a là matière à étudier, à réfléchir, et tout le monde y est intéressé. Partout on s'occupe de rechercher une solution qui permette sinon d'enrayer, tout au moins d'atténuer le mal. On se demande si le remède ne se trouverait pas dans l'application généralisée d'un système d'association entre patrons et ouvriers, et parmi les variétés sous lesquelles ce système se présente à nos yeux, on voudrait arriver à discerner le mode qui répondrait le mieux aux besoins et aux souffrances de l'heure présente.

Le sujet est donc actuel, vivant, et la sympathie qui s'attache aux classes de la société qu'il vise, le recommande tout particulièrement à l'attention publique. Pour le traiter convenablement, il faudrait : 1° étudier l'origine même du principe de l'association, la suivre dans ses phases diverses, dans ses transformations à travers les âges et retracer le rôle qu'il a joué dans l'histoire des classes ouvrières, etc., etc. ; 2° puis, tirant de cet exposé, les déductions qu'il comporte — l'examiner dans ses applications actuelles, comparer leurs avantages et leurs inconvénients respectifs afin de dégager la formule qui semblerait s'adapter le plus convenablement à la condition présente de la classe ouvrière et en particulier de nos populations agricoles.

Le programme est aussi vaste qu'intéressant et si dans sa deuxième partie il parait ne rentrer qu'indirectement dans le cadre habituel de nos travaux, sa première partie, tout au moins, se rattache étroitement à l'histoire de notre pays et à ce titre j'ai cru utile de l'étudier à votre intention ; je me bornerai donc pour aujourd'hui à placer sous vos yeux un aperçu historique très sommaire du principe de l'association, une sorte d'introduction à la deuxième partie qui pourra si vous en exprimez le désir, faire l'objet d'un nouveau travail.

Il faut remonter jusqu'aux temps historiques pour rencontrer les premières traces de l'idée d'association et ses débuts la présentent sous deux aspects qui se distinguent nettement l'une de l'autre pour se fondre plus tard dans le cours des siècles. Les unes sont des associations ou corporations ouvrières qui ont déjà leur place dans l'organisation de la société romaine au ve et vi^e siècles avant Jésus-Christ. Les autres sont des associations guerrières nées à une époque qu'il est difficile de préciser, dans le sein de la société barbare des peuplades germaniques. Ces peuplades vivaient depuis les temps les plus reculés, dans un état de luttes continuelles ; la guerre devait seule fournir à leurs besoins et par suite était leur lien le plus puissant ; de là les associations connues dès l'antiquité sous le nom de « GHILDE » dont les membres devaient s'engager à s'entr'aider et à se secourir dans toutes les circonstances de la vie.

Ces deux sociétés différaient essentiellement de tempérament comme d'origine et les relations que leur réservait l'avenir devaient produire des conséquences intéressantes à noter : à Rome, la condition des classes ouvrières, avait varié suivant l'état de l'industrie, la concurrence des esclaves, la persécution ou l'appui des empereurs ; tour à tour soutenues ou avilies, opprimées ou persécutées, elles avaient fini par subir l'influence dégradante du pouvoir impérial. Tandis que les peuplades qui occupaient la Gaule depuis une époque bien antérieure à l'ère actuelle avaient gardé dans leur intégrité le caractère et les habitudes d'indépendance qu'elles tenaient de leur origine. La conquête de Jules César, les mit en présence pour une période de plusieurs siècles et introduisit avec elle dans la Gaule, une civilisation de beaucoup en avance sur celle des populations qui occupaient le pays. A la longue les races se mélangèrent et ce mélange ne contribua pas seulement à adoucir les mœur, il émoussa le caractère natif des anciens occupants ; ceux-ci perdirent au contact des conquérants l'énergie et le caractère primitifs qui les distinguaient, et ne tardèrent pas à éprouver, eux aussi, l'action énervante de la domination romaine. C'est dans cette situation et vers le milieu du IIIme siècle que les trouva la grande invasion des Barbares, parmi lesquels les Francs ne devaient pas se borner à traverser leur conquête, comme l'avaient fait leurs prédécesseurs lors des migrations galliques, mais s'établir en possesseurs définitifs de la contrée à laquelle leur nom demeura attaché. — Ces nouveaux envahis-seurs avaient conservé sous leur aspect farouche, la rude empreinte de la fierté et de l'indépendance individuelles et cette fois leur contact avec les populations asservies qu'ils trouvaient établies dans les Gaules, eut pour résultat de réveiller chez ces dernières, le sentiment de dignité qu'elles avaient perdu sous l'influence de la civilisation romaine ; en sorte qu'à ce point de vue, l'on peut considérer cette grande et dernière immigration comme un véritable bienfait.

C'est surtout dans le nord de la Gaule et dans les campagnes envahies par les hommes et les coutumes de la Germanie que cette influence se fit le plus sentir. Dans le midi, au contraire, et dans les villes, les traditions romaines s'étaient maintenues et l'on vit les corporations y persis-ter jusqu'à la Féodalité : mais, dans la période qui sépare ces deux époques, le temps a fait son œuvre ; les institutions des deux peuples ne tardent pas à tomber en désuétude ; les traditions originelles s'effacent peu à peu ; la distinction entre Romains et Germains va en s'atténuant ; une nouvelle fusion s'opère ; le terrain est prêt à recevoir l'organisation féodale.

Sous la Féodalité, le seigneur, maître des hommes et des choses, s'arme de privilèges et de monopoles ; les ouvriers deviennent des vassaux ; le servage est la condition commune de l'ouvrier ; par contre, l'esclavage qui s'était maintenu chez les Romains et que les Germains avaient en partie adopté, est détruit ; l'égalité dans le servage prépare les hommes à l'égalité civile.

Mais le servage était violent, irrégulier ; il pesait lourdement sur les serfs qui étaient taillables et corvéables à merci ; le joug était intolérable et devait fatalement amener des révoltes. Aussi, les populations qui le subissaient ne devaient-elles par tarder à essayer de le secouer ; elles réunirent tous leurs efforts et finirent par arracher à leurs maîtres l'octroi de chartes d'affranchissement. La royauté donne l'exemple ; les seigneurs imitent la royauté et cèdent, comme elle, au mouvement qui emporte la Société.

Cependant, ce mouvement ne produit qu'un résultat relatif : si le serf obtient quelque liberté et devient une personne civile, il n'en reste pas moins sous la main du seigneur dont il a d'ailleurs payé les faveurs au prix de lourds impôts. Le joug s'est modifié, son poids n'est pas allégé. — Parallèlement un grand courant d'idées se produit dans les villes, principalement dans les villes du nord de la Gaule, et prépare l'avènement de la commune et la naissance des droits municipaux et civils dont sortira le *Tiers-État*. Les traditions romaines n'avaient pas complètement disparu dans le midi, mais leur influence dans le nord y avait détruit la liberté. — Il fallut la reconquérir : De là des soulèvements qui aboutiront à l'établissement des communes. Plusieurs villes du nord prirent l'initiative, et notamment Noyon, Le Mans, Beauvais, Laon, Cambrai, Reims, etc., etc., se donnèrent des constitutions qui servirent de modèle à une foule d'autres cités.

L'établissement de la commune n'affranchit pas complètement les classes ouvrières de la suprématie des seigneurs, mais ouvre cependant pour elles une période d'émancipation. Elles ont bien encore leurs suzerains, leurs services personnels, leurs redevances en nature et en argent, mais elles échappent au servage, s'administrent elles-mêmes et s'élèvent dans la hiérarchie sociale. La commune a ses jurés, nomme ses magistrats, lève des contributions, contracte des emprunts et si elle se sent menacée, s'unit à ses voisines pour défendre son indépendance. Mais la violence qui a présidé à son avènement, a laissé dans son sein un germe de division qui va se traduire par des scènes tumultueuses et sanglantes dont la commune de Laon fournit un spécimen tragique. Des luttes fréquentes troublent les cités, mettent en péril la liberté récemment acquise et provoquent dans les esprits un tel sentiment de lassitude et de découragement que quand viendra le xive siècle, quand la puissance royale aura grandi, on verra la plupart des cités qui avaient résisté à ce découragement perdre définitivement leurs titres et leurs privilèges.

Le développement des communes avait inquiété la royauté. Si elle leur avait au début accordé des faveurs, c'était moins dans leur intérêt que dans l'espoir de trouver en elles un élément de résistance à opposer aux seigneurs féodaux. Aussi les abandonna-t-elle dès qu'elle crut y voir un pouvoir rival du sien, et chercha-t-elle un appui dans le tiers-état. Ce dernier avait grandi avec elle et leur accord avait contribué au développement du mouvement d'émancipation créé par l'établissement des communes ; heureusement ce nouveau courant d'opinion, dirigé et contenu par la royauté, se développant avec calme et régularité, dans un esprit de sage liberté, limitée par l'autorité de règlements qui accordaient aux cités des libertés civiles et communales, fut suivi d'une période de tranquillité qui permit à l'industrie de prendre un premier essor ; l'indépendance des classes bourgeoises était désormais conquise ; une population riche de marchands et d'artisans se répandait dans les villes et les bourgades. Les corporations commençaient à occuper la scène sur le sol Gaulois.

Corporations. — L'origine des corporations est très ancienne et profondément obscure ; le peu de place, en effet, que tient l'industrie dans les premiers temps de notre histoire, explique le silence des chroniques à leur égard. Il est vraisemblable pourtant que les marchands de l'eau de Paris sont les descendants directs des *nautes Parisiens ;* une charte royale du xiiie siècle, ordonnant le rétablissement de la corporation des bouchers témoigne bien de son existence antérieure, mais il est difficile de préciser sur ce point ; ce que l'on peut dire, c'est que dans la plupart des villes, l'organisation des corps de métiers précéda l'avènement de la commune. Si celle-ci représente l'association de tous les habitants d'une même ville, le corps de métier représente l'association de tous les artisans d'une même ville exerçant la même profession ; c'est une sorte de commune au petit pied, qui a, comme elle, son administration intérieure, ses statuts, ses règlements, etc., etc. Elle a ses gardes électifs auxquels elle confie la mission de faire respecter et défendre les intérêts de la communauté ; de consacrer et sauvegarder les droits du travail et de juger les différents survenus entre ses membres.

A ce point de vue, le corps de métier peut être considéré comme le germe de toutes les libertés communales ; il confère des droits civils et industriels et par la forme semble se rapprocher du Collège Romain, mais il s'en sépare par un point essentiel : Dans le collège romain l'artisan n'est pas libre, un ordre de l'Empereur l'y fait entrer et lui interdit d'en sortir. En France c'est par une sorte de privilège que les artisans s'unissent entre eux pour se protéger contre la concurrence et la domination des seigneurs — d'oppressive la corporation est devenue protectrice.

On ne peut nier que cet état de choses ne constituât un progrès véritable, mais il faut malheureusement ajouter tout de suite qu'il ne fut pas de longue durée ; bientôt des abus s'introduisent dans le sein des corporations ; les sentiments d'union qui avaient présidé à leur naissance ne tardent pas à s'effacer ; la division se glisse entre les ouvriers et les patrons et nous verrons bientôt ces derniers s'entourer de privilèges exclusifs, isoler les simples ouvriers et les réduire à la nécessité de s'organiser en dehors d'eux.

Hanse Parisienne. — A côté des corporations d'artisans de la même ville travaillant dans le même atelier, il faut mentionner l'existence d'autres associations dont l'action s'exerce en dehors ; la plus célèbre connue sous le nom de « Hanse Parisienne », fut une puissante corporation de mar-

chands qui faisaient le commerce de l'eau sur la
Seine. Le pouvoir royal lui conféra des privilèges
et établit en sa faveur des droits régaliens qui
contribuèrent à sa prospérité ; mais l'usage abusif
qu'elle en fit lui suscita des rivalités et des luttes
avec les riverains·de la Seine. D'autres compagnies, en effet, s'étaient formées à Rouen, à
Auxerre notamment, et à travers des conflits
divers, la « Hanse Parisienne » vit ses privilèges successivement abolis, rétablis et finalement
supprimés par Louis XIV qui attribua ses produits au trésor royal.

Jusqu'au xiiie siècle, ainsi qu'on vient de le voir,
la condition des classes ouvrières reste le plus
souvent déplorable ; le servage d'une part, d'autre
part l'absence de commerce et d'industrie les
maintiennent longtemps dans un état de dépen-
dance et de misère, mais cet état ne va pas tarder
à s'améliorer, la royauté capétienne qui commence
à se relever de sa faiblesse, va chercher, dans une
union avec les bourgeois et les ouvriers, un point
d'appui pour contrebalancer la puissance des
seigneurs, elle va leur laisser la liberté de régler
leurs propres affaires et de diriger le commerce et
l'industrie. En même temps que Saint-Louis
publie sous le nom d' « *Établissements* », les coutumes de ses sujets, il fait réunir les statuts des
métiers de la ville ; les usages de chaque profession sont précisés, rédigés etconfirmés, et c'est
à lui que les classes ouvrières doivent le premier

acte important de leur législation. Sous Philippe-
le-Bel qui continue l'œuvre de Saint-Louis, le
pouvoir royal s'accroît ; le commerce s'étend à
l'intérieur du royaume et au dehors, et grâce à
l'administration sage des baillis et des prévôts,
moins tyrannique que celle des seigneurs, la
prospérité des classes bourgeoises et ouvrières va
prendre un tel développement que le règne de
Philippe-le-Bel marquera la plus brillante époque
de leur histoire sous les premiers capétiens.

Elles seront moins heureuses sous les Valois ;
au lieu, en effet, de s'appuyer sur elles contre les
seigneurs comme l'avaient fait leurs prédécesseurs,
les Valois s'uniront aux seigneurs qu'ils redoutent
moins et qui d'ailleurs viennent à eux, pour assu-
jettir les classes ouvrières ; dans ce but ils aboli-
ront les communes et essaieront de s'attaquer aux
corps et métiers en leur imposant des règlements
d'utilité générale ; mais la résistance de ces derniers rendra cette tentative infructueuse et les
ordonnances royales ne seront pas exécutées.

C'est dans cette situation déjà bien troublée que
la France voit s'abattre sur elle le double fléau
de la guerre étrangère et des soulèvements intérieurs. La guerre de Cent-Ans ; le lourd fardeau
des impôts aggravé par l'altération des monnaies ;
la lutte des Armagnacs et des Bourguignons ;
la Jacquerie ; la révolte des Cabochiens, etc.,
viennent successivement donner naissance à des
conflits et à des luttes qui n'auront d'autre résultat

que de porter à son comble la misère publique
et de comprimer pendant plus d'un siècle l'essor
des classes ouvrières. Cependant le triomphe de
la royauté n'est pas complet, et si les gens de
métier n'ont pas conquis de droits politiques, si
ils ont troublé l'État sans parvenir à le dominer,
ils ont du moins conservé leurs privilèges à travers
les désastres et les ruines que la guerre, la peste
et la famine ont accumulés sur notre malheureux
pays.

La guerre terminée, la France commence à se
relever et les artisans retournent à l'atelier ; en
même temps la royauté protège les corps de
métiers et confirme leurs privilèges. Louis XI
cherche à s'assurer contre la noblesse qui lui
porte ombrage et qui le hait, le concours de ses
bourgeois de Paris, et fait des gens de métier une
milice à opposer à ses ennemis. Les gens de
métier répondent à son appel ; ceux des provinces,
unis sous la tutelle de la royauté, se mettent en
rapport avec leurs confrères de Paris, et le peuple commence à avoir quelque sentiment de
l'unité nationale ; mais l'union avec la royauté
exigeait un dévouement sans bornes, une sou-
mission absolue et les corporations ne devaient
pas tarder à souffrir du joug qu'elle leur imposait ; Louis XI, en effet, s'appuyant sur d'anciens
privilèges s'arroge le droit de leur nommer des
maîtres et s'il publie de nombreuses ordonnances
établissant ou confirmant leurs statuts, il fait

payer cher ses concessions et porte en réalité une grave atteinte à la constitution ouvrière.

Cependant les corporations resserrent les liens qui les unissent et multiplient les règlements sur le travail ; elles proclament d'abord une sorte d'égalité entre le maître et l'ouvrier, mais, ainsi qu'on l'a vu, cette égalité ne dure pas ; une démarcation profonde s'établit entre eux, le maître devient l'oppresseur de l'artisan et lui impose de longues épreuves qui font de la maîtrise une forteresse inaccessible et nuisent au développement de l'industrie. Les ouvriers condamnés à rester ce qu'ils sont, se trouvent réduits à faire un ordre à part ; une fois séparés des maîtres, placés en dehors de la législation ouvrière, ils donnent une nouvelle forme à leur association et créent le « compagnonnage. » Ils établissent partout de nombreuses confréries, sortes de sociétés secrètes dont les cérémonies rappellent l'initiation des mystères antiques. Ils vont de ville en ville et trouvent chez leur « Mère, » à l'auberge des compagnons, un asile où ils sont nourris, hébergés et soignés, même s'ils sont sans argent, jusqu'à ce que la communauté puisse leur procurer du travail.

Telle est la forme extérieure du compagnonnage. Au fond, c'est une association de secours mutuels qui soustrait le compagnon à l'isolement et lui assure aide et protection ; mais bientôt la forme l'emporte sur le fond ; les vices qui avaient signalé les réunions des confréries se reproduisent dans les réunions des compagnons ; comme les patrons, ils cherchent à asservir tous les ouvriers de la même profession et exercent une pression sur ceux qui refusent de s'affilier ; de là des grèves, des coalitions, des mises en interdit qui offrent dès le xve siècle un curieux spécimen du spectacle que nous présenteront plus tard les syndicats ouvriers du xixe. L'association des compagnons subsista pendant le moyen âge et la première partie des temps modernes, puis elle disparut et il fut impossible d'en suivre la trace, si ce n'est dans des exemples isolés qu'on rencontre encore de nos jours, mais qui n'ont rien gardé de l'organisation primitive. Une seule parmi ces grandes associations a laissé des souvenirs plus nombreux de sa constitution intérieure et existe encore aujourd'hui, c'est celle des *Francs-maçons* ; mais elle se distingue des autres en ce sens qu'elle embrasse et réunit dans son sein, les maîtres et les ouvriers.

Pour compléter le tableau de la situation des classes ouvrières à l'époque où nous sommes parvenus, il faut dire un mot de la formation d'une autre grande association qui a laissé sa trace dans l'histoire sous le nom de *Corporation des Merciers ;* cette association qui réunissait les marchands français était indépendante des confréries des villes et s'étendait à plusieurs provinces. Placée sous la direction d'un magistrat, *le Roi des Merciers,* elle avait la haute main sur le com-

merce général de la province et fut une création
utile et nécessaire à une époque où la puissance
royale n'assurait pas une protection suffisante aux
marchands ; elle donna plus de sécurité aux relations commerciales et rendit de réels services
jusqu'au jour où la royauté devenue assez forte
pour se passer d'elle, finit par abolir la charge
de Roi des Merciers.

En résumé les classes ouvrières ne sont pas
demeurées stationnaires depuis le xiiie siècle ; la
guerre a bien pu entraver leur prospérité, elle n'a
pu arrêter leur développement ; leurs privilèges se
sont même étendus et fortifiés, mais les abus qui
s'étaient introduits dans leurs réunions n'ont fait
que se multiplier. Ainsi qu'on peut se le rappeler, l'association des corps et métiers ne tarde pas
à la suite de quelques années d'existence, à s'éloigner de l'esprit de son institution ; elle devient
plus exclusive, ferme ses rangs aux étrangers,
limite le nombre de ses apprentis et les relègue à
un état inférieur ; impose le chef d'œuvre et rend
ainsi plus difficile l'accès de la maîtrise qu'elle
réserve aux fils des maîtres. D'un autre côté, les
associations du compagnonnage, des merciers, de
la franc-maçonnerie réunissent dans de vastes
sociétés, tous les ouvriers auxquels le corps de
métier ne suffit plus ; celui-ci reste l'association
urbaine avec le caractère d'égoïsme étroit des
communes, auxquelles il survit ; le compagnonnage, la franc-maçonnerie, la confrérie des mer-

ciers représentent au contraire des associations plus larges qui embrassent une province, la nation tout entière : le premier correspond à une période d'isolement et de défiance, les autres à une civilisation plus avancée de voyages, d'études et de relations ; c'est un progrès, il est vrai, mais ce n'est pas une constitution nouvelle, ce n'est que le développement de la constitution du xiiᵉ siècle, dont ces associations conservent les défauts ; le corps de métier avec ses exigences jalouses qui continuent à combattre la concurrence ; le compagnonnage avec son tempérament exclusif et querelleur qui poursuit tous les ouvriers qui ne se donnent pas à lui ou appartiennent à une société rivale.

Au regard de la royauté la situation des corporations s'est également modifiée ; au début le pouvoir royal ne se sentant pas assez fort pour les protéger ou les gouverner, c'est en dehors de lui qu'elles se forment, il les accepte comme une nécessité, mais c'est à contre-cœur, car sa politique vise à l'unité du royaume sous des lois communes et ne veut pas de puissance rivale ; à mesure qu'il grandira, il interviendra de plus en plus entre les maîtres et les ouvriers, s'immiscera dans leurs querelles intérieures et évoquera leurs procès qu'il soustraira ainsi à la juridiction des seigneurs. Après avoir attaqué les souverainetés féodales, il attaquera les petites républiques communales, puis s'en prendra aux corporations,

créera des offices à son profit, nommera des
maîtres dans chaque métier et prodiguera au
détriment de la masse, à ses créatures, les
exemptions et les faveurs.

Ces empiètements successifs devaient naturellement provoquer des résistances et on se rappelle
les soulèvements et les émeutes auxquels ils ont
donné naissance ; mais ces émeutes sont répri-
mées avec rigueur et sous Louis XI les classes
ouvrières sont devenues les fidèles sujettes de la
royauté. La guerre et ses discordes intérieures
accentue encore leur rapprochement et une sorte
de compromis s'établit entre leurs prétentions
réciproques. La nation épuisée se remet à l'œuvre ; la Royauté, tout en favorisant ce relèvement,
ne perd pas de vue son programme et continue
ses efforts tendant à l'union de la France sous son
autorité. La classe ouvrière y perd son indépendance politique, mais elle cherche à se consoler
de la perte de ses libertés par la conservation de
ses privilèges qu'elle étend encore et multiplie
sous les formes les plus diverses.

C'est alors, en effet, que furent créées de nouvelles confréries, au premier rang desquelles il
convient de placer les compagnies « d'archers et
d'albalétriers » qui acquirent promptement une
grande notoriété ; leurs fêtes étaient célèbres,
leurs insignes et diplômes recherchés ; les exer-
cices auxquels elles se livraient développaient le
courage et l'adresse de leurs membres et prépa-

raient en eux de précieux auxiliaires de la défense
nationale ; cette considération jointe à l'attrait particulier de leurs réunions, leur valut la sympathie
générale et leur permit de se maintenir jusqu'à
nos jours et de laisser une trace qui se rencontre
encore aujourd'hui dans le nord de la France et
notamment dans certains cantons de notre département.

En résumé et à la suite des alternatives dont
les phases viennent d'être sommairement rappe-
lées, la situation des corporations se présente
dans les conditions suivantes :

Dans leurs rapports intérieurs, la guerre est permanente ; l'esprit de privilège, d'égoïsme et de
monopole s'est encore développé ; toutes garanties sont enlevées à la masse des artisans ; le
travail libre est entravé ; les marchandises ont
subi un renchérissement marqué ; le malaise
est général et la misère augmente de jour en
jour.

De son côté, la royauté s'efforce d'apporter un
remède à cette situation : Elle publie une longue
série d'ordonnances qui ont, certes, un but
louable et tendent à introduire dans le système
des corporations des réformes utiles au commerce,
à l'industrie et aux ouvriers ; mais ces ordonnances ne sont pas observées ; à la faveur des
luttes religieuses les anciennes communautés
résistent et en arrivent à des excès qui finisssent
par lasser le peuple et dont profite Henri IV pour

règlementer à nouveau les corporations et les placer sous la main de la royauté.

Colbert, après lui, s'attache à compléter la réforme ; il édicte un nombre considérable de règlements particuliers et résume toute une législation industrielle dans ses fameuses « ordonnances de 1669 » ; loin de supprimer les corporations, il les multiplie et en réforme la juridiction ; mais il ne change pas le régime économique de la nation, et l'on peut résumer cette époque en disant que les législateurs du xviiᵉ siècle ont plutôt songé à régulariser qu'à détruire l'organisation du passé.

L'établissement des *grandes manufactures* en France dont la plus célèbre est celle de « Saint-Gobain » (1), ouvre cependant une condition nou-

(1) C'est au mois d'octobre 1665 que, sur le rapport de Louvois, Louis XIV accorde un privilége pour l'établissement de l'industrie des glaces en France ; ce privilége, vivement disputé et attribué successivement à 5 compagnies, finit par appartenir exclusivement à la Société de Saint-Gobain (Aisne), qui fixa son siége dans un vieux château de cette localité, dès l'année 1693, et plus tard y annexa une importante usine de produits chimiques qu'elle plaça à Chauny.

Depuis cette époque, la Compagnie de Saint-Gobain a pris un développement qui lui assure le premier rang parmi les Sociétés industrielles de France. Dirigée par des savants distingués, elle a pris et constamment gardé l'initiative des progrès que la science a réalisés dans cette importante industrie et n'a cessé d'obtenir des succès exceptionnels dans chacune de nos expositions où ses magnifiques produits ont excité l'admiration universelle et lui ont valu les plus hautes distinctions.

velle pour l'ouvrier. Il y gagne doublement ;
comme consommateur, en ce sens que le prix des
denrées a diminué ; comme producteur en ce sens
que son salaire s'est élevé ; et malgré la persis-
tance des abus et des excès qui s'étaient maintenus
dans le sein des corporations et des sociétés de
compagnonnage, l'avènement de la grande industrie n'en avait pas moins permis aux classes
ouvrières de faire un pas de plus dans la voie de
la prospérité.

Au xviiie siècle, après la banqueroute de « Law »,
la France retombe dans les errements du xviie :
les offices, les droits supprimés sont rétablis ; les
rigueurs des règlements de Colbert sont aggravées;
le commerce est de nouveau entravé ; en un mot
la situation est plus mauvaise que jamais et
appelle des réformes radicales. Turgot les introduit en 1776 ; ses fameux « édits » abolissent les

A l'occasion du deuxième centenaire de la fondation de la
Compagnie, Monsieur le duc de Broglie, président du Conseil
d'administration, caractérisait dans les termes suivants l'esprit
qui a présidé à la création de ce grand établissement : « Saint-
« Gobain n'est pas seulement une grande association d'intérêts
« matériels, une réunion de forces productives ; Saint-Gobain
« est une famille, une grande famille qui comprend les
« actionnaires, les administrateurs, les directeurs, les contre-
« maîtres et les ouvriers et les réunit dans un même sentiment
« d'affection.

« Depuis sa constitution définitive, pas un des dissentiments
« qui ont pu s'élever dans son sein n'a été porté devant aucun
« tribunal ; tout a été réglé, décidé et jugé en famille.

jurandes, les maîtrises, les communautés et les confréries d'arts et métiers.

Ces mesures produisent une véritable révolution dans l'organisation de la classe ouvrière et inaugurent pour un instant, en industrie, l'ère de la liberté et de l'égalité ; mais ce fut le dernier effort de la monarchie ; trois mois après la retraite de Turgot, les corporations sont rétablies dans des conditions plus libérales, il est vrai ; mais les vieilles institutions résistent une fois encore et se débattent dans une lutte suprême ; le vieil édifice s'écroule. De tous les coins de la France, les cahiers de doléance des collèges électoraux divisés sur tant de points, réclament avec énergie et à la presque unanimité, la destruction des monopoles et des privilèges. Enfin la nuit du 4 août voit le sacrifice se consommer ; la réforme des corporations, emportée dans le mouvement général, devient définitive en 1791 et le décret du 16 février consacre irrévocablement leur suppression. — Le vieux monde n'est plus ; le rôle du xviii\ :e\ siècle est terminé ; le monde moderne commence.

Quelle conclusion ressort de cet exposé ? On peut, ce semble, le résumer ainsi : Pendant la longue période qui sépare les premiers âges de la révolution, on peut dire que les classes ouvrières ont constamment vécu dans un état d'assujettissement ; qu'elles aient eu à lutter contre les misères des temps barbares ou contre l'oppression des seigneurs du moyen-âge ; que plus tard elles aient été comprimées dans les liens des corporations, ou asservies sous les règlementations des ordonnances royales ; que les rois les aient tour à tour protégées ou combattues, leur activité n'a jamais pu prendre tout son essor ; le joug a pu changer de forme, il n'a jamais disparu et il faut arriver jusqu'au jour où la révolution renversera toutes les barrières, pour voir enfin les classes ouvrières jouir de la plus entière liberté.

Voyons maintenant l'usage qu'elles vont en faire.

L'Assemblée constituante, avait d'un mot, transformé de fond en comble, l'organisation économique de la France ; aux entraves que les privilèges et les règlementations étroites des corporations imposaient au travail le décret du 16 février 1791 substituait brusquement le large principe de la liberté du travail et de la libre concurrence ; c'était toute une révolution. Malheureusement cette transformation se produisait dans des conditions peu favorables ; le décret d'affranchissement avait surpris les esprits et jeté le trouble dans les affaires ; le travail avait diminué ; le prix des denrées s'était élevé ; en un mot la situation se traduisait par un état de véritable souffrance.

Comprenant mal les idées au nom desquelles la France essayait de se transformer, les classes ouvrières s'imaginaient que la Constituante ne les avait délivrées des chaînes de la corporation que

pour leur donner les moyens de faire à leur tour
peser, sur les maîtres, la loi sous laquelle ils
avaient gémi si longtemps : l'apprentissage de la
liberté ne se fait pas, en effet, en un jour et les
générations que le régime des corporations avait
si longtemps tenues sous le joug, étaient mal pré-
parées à la conception des devoirs que comporte
l'exercice de la liberté individuelle et à se plier
aux obligations que crée le respect de la liberté
des autres.

Aussi vit-on bientôt les ouvriers, pour échapper
au malaise profond dans lequel les jetait un chan-
gement si imprévu, reproduire les vieilles prétentions des privilèges corporatifs et recourir à des
coalitions et à des émeutes pour obtenir des tarifs
protecteurs de leur travail. L'Assemblée constituante dut sévir : La loi martiale fut proclamée
contre les émeutiers et la loi du 14 juin 1892,
confirma, par des répressions sévères, l'interdiction de rétablir les corporations ; mais cette loi
dépassa le but : Votée dans un sentiment d'irrita-
tion provoqué par des violences qu'elle avait le
devoir d'apaiser, elle fit plus que proscrire un
abus, elle porta atteinte à une liberté, tant il
était difficile, dans l'état des esprits : au législateur de marquer précisément la limite qui sépare
le droit de l'abus et aux ouvriers de respecter
cette limite.

Le régime de la libre concurrence fut la règle
pendant la révolution et se maintint, à travers des

vicissitudes diverses, jusqu'au commencement du
xixe siècle. Cependant le besoin d'assurer la
subsistance de la ville de Paris, avait amené le
gouvernement consulaire à reformer les corporations des bouchers et des boulangers ; d'un autre
côté de nombreuses pétitions réclamaient le rétablissement des corps de métiers ; on éprouvait le
besoin de réagir contre les abus que l'exercice
nouveau du droit de libre concurrence n'avait pas
tardé à révéler.

Bonaparte qui n'avait pas eu encore le temps
de réfléchir sur les matières de la législation
industrielle, flottait indécis ; d'un côté, il sentait,
qu'en héritier de la Révolution, il avait la mission
d'en fixer les grands principes dans la société
renouvelée par lui ; d'un autre côté, son amour de
l'ordre et de la régularité le portait à contenir
dans de justes limites l'exercice des nouveaux
droits acquis par les classes ouvrières ; de là des
règlements généraux octroyés par lui et qui
marquent bien, dans leur acheminement vers
l'esprit d'autorité, la trace des progrès que son
gouvernement faisait vers le pouvoir absolu.

C'est ainsi que les notaires, les avoués, les
huissiers devinrent des officiers publics, limités
en nombre, nommés par le chef de l'État, groupés
en corporations avec chambre syndicale, bourse
commune, règlements, etc., etc. ; que s'il n'osait
pas se réserver le droit de les nommer et d'en
limiter le nombre, il exigea des avocats le

diplôme de licencié en droit, l'inscription au tableau, le serment, et leur adjoignit un conseil de l'ordre placé sous l'autorité du tribunal.

C'est ainsi qu'il subordonna l'exercice de la médecine à l'obtention d'un diplôme; que les pharmaciens et les sages-femmes eurent aussi des examens à subir; qu'il règlementa, enfin, la profession de l'enseignement, la librairie, la presse, les théâtres, la banque de France, les mines, les hauts fourneaux, les tabacs, les poudres, les messageries, les monnaies, etc., etc. C'est ainsi qu'il créa les chambres de commerce, les compagnies d'agents de change, les conseils de prud'hommes, etc., etc., etc, et qu'il imposa le livret aux ouvriers.

Ces règlementations n'étaient pas toutes incompatibles avec les tendances modernes. Il y a, certes, des cas où la nature des choses en justifie l'utilité, et l'intervention de l'État dans ces circonstances constitue un véritable progrès sur l'ancienne civilisation; mais Bonaparte eut le tort de les étendre à des élémens de l'activité sociale qui s'en accommodaient mal et dont elles comprimaient l'essor, tels que la librairie, les théâtres, etc., etc.: d'ailleurs, ces restrictions injustifiées disparurent successivement, au fur et à mesure que les idées libérales se développèrent sous l'action du temps.

Pendant cette période, la condition des classes ouvrières fut relativement prospère. Le commerce et l'industrie étaient encouragés ; le travail était recherché et mieux rémunéré, et cette prospérité dura jusqu'au moment où les guerres de Napoléon enlevèrent au travail et à l'industrie une masse d'ouvriers appelés sous les drapeaux. Une longue crise s'en suivit ; le travail cessa, et un sourd mécontentement se répandit dans toutes les classes de la Société.

C'est à ce moment que les sociétés de secours mutuels firent leur première apparition, mais elles furent peu nombreuses et ne purent rendre que de faibles services aux ouvriers sédentaires qui demeurèrent isolés et misérables ; quant aux ouvriers nomades, ils reformèrent, mais en secret et à l'abri des persécutions, leurs anciennes associations de compagnonnage. — En résumé les dernières années de l'Empire, furent, pour les classes ouvrières, une période douloureuse et pénible, au cours de laquelle les guerres incessantes, le ralentissement des affaires, l'arrêt du travail, l'oppression du pouvoir, créèrent dans le pays un état de souffrance et de misère qui mit en péril les conquêtes civiles et morales de la Révolution.

Ce n'est pas du gouvernement de la Restauration que l'on pouvait attendre la reprise de ces conquêtes. La proclamation de la liberté, comme base de l'organisation du travail et de l'industrie, était l'œuvre de la révolution ; c'était une raison pour que la Restauration s'y montrât hostile ; les royalistes, d'ailleurs, regrettaient l'ancien état de choses et bientôt on vit se reproduire les requêtes en faveur des communautés d'arts et métiers ; mais ces vœux se heurtèrent aux protestations de l'opinion publique ; et malgré le nombre et la puissance des partisans de l'ancien régime, malgré la direction parfois imprimée à la conduite des affaires, la société française demeura fondée sur les principes de la Révolution.

La Restauration, si elle se montra défavorable aux tendances libérales, n'en fut pas moins charitable aux classes ouvrières dans l'intérêt desquelles elle entreprit quelques réformes utiles : c'est sous son règne notamment que fut organisé, pour la première fois, l'enseignement primaire ; que se développèrent les sociétés de secours mutuels, les caisses d'épargne et autres institutions dans lesquelles on retrouve les principaux avantages du compagnonnage, moins ses inconvénients.

Les journées de Juillet, comme toutes les révolutions d'ailleurs, produisirent une véritable agitation dans les esprits, et l'arrêt du travail provoqua une sérieuse crise commerciale. Des troubles éclatèrent, notamment à Lyon où l'insurrection demeura maîtresse de la ville pendant plusieurs jours, à Paris, à l'occasion du convoi du général Lamarque ; une épidémie terrible et jusqu'alors inconnue vint en outre ajouter ses horreurs aux souffrances de la classe ouvrière.

Enfin le parti républicain mécontent de l'issue de la révolution dont il avait espéré le succès de sa cause ; irrité du peu d'appui qu'il avait trouvé chez les ouvriers ; comprenant, d'ailleurs, que pour se les attacher il ne suffisait pas de leur faire des démonstrations platoniques; qu'il fallait résolument leur parler leur langage et leur promettre la défense effective de leurs intérêts matériels ; le parti républicain profita de l'occasion pour prendre la direction du mouvement.

C'est alors que fut constituée *la Société des Droits de l'Homme et du Citoyen*, dont le manifeste réclamait notamment l'émancipation de la classe ouvrière par l'association. Ce manifeste, tout naturellement, donna lieu à des poursuites et à des répressions qui n'eurent d'autre résultat que de provoquer de nouvelles émeutes ; une loi contre les associations fut votée le 10 avril 1834, et le parti républicain y répondit par une nouvelle prise d'armes ; en un mot, le désordre fut à son comble, une fermentation profonde s'empara des esprits. La société souffrait matériellement et moralement et réclamait un sauveur. A cet appel répondirent de nombreux apôtres qui s'offrirent pour faire le bonheur de l'humanité et l'on vit éclore successivement les théories et les doctrines les plus étranges : Le *Communisme des Saint-Simonniens ;* le *Phalanstère* de Considérant ; L'*Icarie* de Cabet ; le *Panthéisme* de Pierre Leroux ; les *Rêves harmoniques* de Fourrier :

l'*Organisation du Travail* de Louis Blanc, etc.,
etc. ; le reman, lui-même, fit entendre sa note et
les *Mystères de Paris*, mélèrent leurs exagérations
socialistes aux exagérations des nouvelles doctrines.

Si l'on écarte, comme de raison, le côté fan-
tastique et outré de cette curieuse propagande,
il n'en faut pas moins reconnaître que la situation était favorable à l'expansion d'idées qui
appelaient une nouvelle organisation du travail ;
le développement de l'industrie avait attiré l'attention sur les problèmes sociaux ; on commençait
à s'intéresser à l'histoire et aux mœurs des classes
pauvres ; on sentait qu'il fallait jeter la lumière
de l'observation sur les conditions de leur existence afin d'y appliquer le remède de la moralité
et de la bienfaisance.

La question continua donc à rester à l'ordre du
jour, et des publications et manifestations diverses, continuèrent à tenir éveillé l'intérêt qui
s'attachait à ces matières ; c'est ainsi que Monsieur
le baron de Gérando prônait l'établissement d'un
patronage actif des classes pauvres ; que Monsieur
Marbeau demandait la création d'un ou de deux
ateliers de charité par arrondissement ; que
l'Académie des sciences morales et politiques proposait pour sujet de concours l'étude du problème
de la misère ; que Messieurs Banqui, Rossi, Michel
Chevalier, Wolowski et autres, exposaient avec
une grande éloquence, dans leurs cours publics,

leurs systèmes d'organisation du travail ; qu'en
un mot, et de tous les côtés, se manifestait pour
les intérêts des classes pauvres une réelle et touchante préoccupation qui marquait à la fois un
progrès des esprits et une nécessité du temps.

Pour compléter le tableau de la situation de la
classe ouvrière et l'énumération des mesures
prises à son égard par le gouvernement de Juillet,
il convient de mentionner la loi des Patentes ; la
loi sur les brevets d'invention ; sur le travail des
enfants dans les manufactures ; sur les livrets ;
les cours d'adultes ; les salles d'asiles ; les
crèches ; les écoles industrielles, etc., etc. ; mais
en ce qui concerne les associations ouvrières, on
peut dire qu'elles firent peu parler d'elles sous le
règne de Louis Philippe et qu'il faut atteindre la
deuxième République et le second Empire pour
les voir se multiplier et se développer sous des
formes variées et avec des fortunes diverses.

Ces deux gouvernements ne faillirent pas,
d'ailleurs, aux devoirs d'assistance qu'impose à
tout état sa sollicitude naturelle pour les besoins
et les souffrances des ouvriers, et il suffira d'une
revue sommaire de ce qui a été, alors, fait à cet
égard pour être convaincu que ces devoirs ont été
compris par eux comme ils l'avaient été par
leurs prédécesseurs. C'est pour répondre à ces
besoins que furent successivement réalisées les
mesures suivantes : Réorganisation de l'assistance
publique ; création d'asiles pour les convalescents ;

développement des sociétés de secours mutuels ;
création de crèches et de sociétés de charité
maternelle ; ouverture d'une caisse de retraite
pour les vieillards et les invalides du travail ;
ouverture d'une caisse de la boulangerie ; amélioration des logements d'ouvriers ; travaux
d'utilité communale pour les occuper, etc , etc.

En face de ce tableau officiel il n'est que juste
de rappeler les tentatives parallèles et les efforts
réalisés dans le même but par l'initiative privée
et notamment par des sociétés industrielles telles.
que les maisons Say, Kœchlin, Dolfus, Mame,
Boucicaut, Paul Dupont, Chaix, Leclaire, Laroche-
Joubert, etc. ; par des villes telles que Mulhouse,
etc., et par des institutions de bienfaisance telles
que les sociétés de St-Vincent de Paul ;
Saint-François Régis ; par les Petites-Sœurs-des-
Pauvres, etc , etc. ; lesquelles, dans leur ensemble,
représentent le bilan de ce qu'a réalisé, jusqu'à
présent, l'assistance publique et privée en faveur
de la partie la plus nombreuse et la plus intéressante de la Société.

L'Association des Travailleurs, pour en revenir
à notre sujet, avait été le thème favori des écoles
socialistes de la restauration et du règne de
Louis Philippe : Le parti démocratique de 1848
en fit son mot de ralliement ; le gouvernement
d'alors ne lui ménageait, d'ailleurs, ni sa sympathie ni son appui, et à la faveur de l'encouragement qu'elles trouvaient en lui, de nombreuses

Associations de Travailleurs se formèrent bientôt principalement à Paris, mais leurs premiers pas ne furent pas heureux ; les circonstances n'étaient pas favorables et beaucoup de tentatives échouèrent ; d'un autre côté, en mêlant la politique aux questions du travail, les sociétés ouvrières avaient commis une imprudence et une faute ; elles se donnaient ainsi le caractère de sociétés secrètes dans le sein desquelles des conspirations pouvaient facilement se préparer : aussi le gouvernement en prit-il ombrage et en supprima-t-il un grand nombre ; mais ce ne fut qu'un moment d'arrêt .

En 1863, l'envoi de délégués d'ouvriers français à l'exposition universelle de Londres, mit ces représentants des classes ouvrières de France en contact avec les ouvriers anglais et permit aux premiers de constater que les derniers avaient plus de liberté et gagnaient un salaire plus élevé que le leur, et à leur retour ils se concertèrent pour réclamer la création de chambres syndicales et préconiser l'association : Ils y étaient, du reste, encouragés par le succès des banques populaires qui avaient organisé le crédit mutuel parmi les artisans allemands ; et après les élections législatives de 1863, ils se mirent résolument à l'œuvre pour appliquer les doctrines qu'ils avaient rapportées de Londres.

C'est alors qu'on vit se produire, dans le sein des classes ouvrières, un nouveau mouvement d'accentuation et que de nouvelles associations se créèrent, l'une après l'autre, sous les diverses formes de sociétés de crédit, de production, de consommation, de coopération, etc., etc. Il n'entre pas dans les limites de cette première partie de s'occuper du côté économique de ces créations, ni de faire connaître leurs procédés de fonctionnement ; mais il est utile de dire qu'en présence de cette extension, le gouvernement s'intéressa vivement à la question et chercha à jouer un rôle conciliateur : Il y avait en effet divergence de vues entre les sociétés qui réclamaient l'entière liberté de leur action, et le parti gouvernemental qui voulait contenir et réglementer l'exercice de cette liberté, s'éloignant, en ceci, des tendances de l'Empereur, personnellement sympathique à la cause des associations. Cette divergence se manifesta, d'ailleurs, dans les discussions du Corps législatif, à propos de la présentation de plusieurs projets de loi sur la matière et dont aucun ne put aboutir.

L'un d'eux cependant reçut exceptionnellement la sanction des pouvoirs publics et mérite d'être signalé, en raison des conséquences fort graves que son application devait entraîner et qui se traduisent aujourd'hui sous un jour inquiétant : Il s'agit de la loi sur les « coalitions » à laquelle M. Émile Ollivier devait attacher son nom .Ce n'est pas le lieu d'entrer dans l'examen détaillé des dispositions de cette loi ; mais si l'on veut bien mettre en parallèle les idées généreuses, sinon imprudentes, tout au moins prématurées, qui ont présidé à sa conception, et les résultats qu'une exagération dangereuse de ces idées a produits de nos jours, on ne manquera pas d'être frappé du pas énorme que notre pays a fait, en peu d'années, dans la voie de développement d'une liberté qui ne veut plus reconnaître de limites.

Cependant le nombre de ces sociétés ne cessa pas de s'accroître dans une proportion considé. rable, non seulement à Paris, mais dans les départements. Toutes n'eurent pas la même fortune ; un grand nombre a sombré peu de temps après leur formation, et, de celles qui se sont constituées à l'époque dont nous parlons, le nombre des survivantes est aujourd'hui bien restreint.

A ce propos il est une remarque importante à faire : c'est que, pour réussir en cette matière, le travail seul ne suffit pas ; si elle veut, en effet, se mettre en mesure de surmonter les difficultés qui entravent le plus souvent ses débuts, toute société commerciale ou industriel' 'oit s'établir tout d'abord sur la base solide d une formation de capital. Malheureusement ce principe salutaire est souvent méconnu : L'illusion contraire est bien commune de nos jours et on ne saurait trop sérieusement, pour la dissiper, recommander aux ouvriers qui veulent se réunir, l'exemple des sociétés qui ont prospéré et qui n'ont dû leur succès qu'au sentiment de prévoyance qui les a portées à s'assurer au plus tôt la garantie d'un capital initial formé par un prélèvement sur leurs bénéfices ou autrement.

Voici les noms de quelques unes des principales sociétés qui se sont établies vers cette époque avec l'appui de la Société du Crédit au travail et représentent principalement des associations de production.

A Paris :

Les associations des menuisiers,
        Id.   des tapissiers,
        Id.   des maçons,
        Id.   des paveurs,
        Id.   des lunettiers,
        Id.   des typographes,
        id.   des graveurs,

Etc., etc., etc.

En Province :

La Société de Beauregard, à Vienne,
L'Association de consommation et de crédit,
La Société de Fourmies,
        Id.   du Familistère de Guise,

Etc., etc., etc.

La période de prospérité industrielle et commerciale qui s'ouvrit aux environs de l'exposition universelle de 1867, accentua encore le développement des associations ; elles se multiplièrent à Paris et dans les départements et contribuèrent à accroître dans une proportion considérable, la richesse de la nation. — On ne peut nier que l'application généralisée du principe de l'association eût une grosse part dans ce résultat et il est incontestable qu'il a fait ses preuves, au moins en ce qui concerne les patrons ; mais qu'elle a été son influence sur la situation des ouvriers ? Sans rechercher les mobiles qui les inspirent, il faut constater que les ouvriers persistent, vis-à-vis des patrons, dans une attitude de défiance et d'hostilité ; leurs revendications, en tant qu'elles s'appliquent aux besoins de leur existence et de celle de leurs familles, sont certes légitimes et méritent d'être examinées avec intérêt et sympathie. Mais les violences dont elles sont souvent accompagnées et dont les lamentables événements de Decazeville, Fourmies, etc., nous fournissent de terribles exemples ne sont pas faites pour faciliter l'accord qu'il serait si désirable d'établir dans le sein des sociétés.

La solution n'est donc pas trouvée...... que faire pour découvrir enfin une voie de pacification ? Quel terrain peut réunir dans un intérêt commun le patron et l'ouvrier ? Le problème a été posé devant le jury international de l'exposition universelle de 1889 ; divers systèmes ont été étudiés et comparés, et finalement c'est du mode de la participation de l'ouvrier aux bénéfices du patron que l'on semble pouvoir espérer le remède au malaise qui jette le trouble dans la vie industrielle de notre époque.

Ce jugement a d'ailleurs été confirmé par les faits ; et si l'on jette les yeux sur les Sociétés qui ont adopté et pratiquent encore aujourd'hui le régime de la participation, on ne peut qu'être rassuré par le tableau qu'elles présentent : La paix règne dans les ateliers ; l'accord existe entre les patrons et les ouvriers, réunis par un intérêt commun ; les grèves y sont inconnues et la stabilité du personnel assure la continuité et la perfection du travail entre les mêmes mains, etc., etc.

L'expérience est donc encourageante et il faut espérer que les résultats que l'on peut déjà constater détermineront un nombre de plus en plus grand d'industriels à introduire ce système dans leurs établissements. — Les essais ont même été étendus à des exploitations agricoles et elles méritent, à ce point de vue, toute notre attention.

Voici le nom des principales institutions et sociétés établies en France sur le principe de la *Participation* ;

A Paris :

L'Imprimerie Nationale,

Les maisons Chaix et Paul Dupont,

Le Canal de Suez,

Le Bon Marché,

Les Compagnies d'assurance contre l'Incendie et sur la Vie,

Les Sociétés industrielles Leclaire, Baille-Lemaire, Deberny, Goffinon, Lefranc, Thuillier frères, etc., etc.

Dans les Départements :

Le Familistère de Guise,
La maison Piat, de Soissons,
La Compagnie de Fives-Lille, de Lille,
La papeterie Laroche-Joubert, d'Angoulême,
La maison Mame, de Tours,
Les mines de Blanzy,
La Coopération agricole de Monsieur Louis Bignon père, de Theneuille (Allier),
La Société anonyme et coopérative de la laiterie de Leschelles (Aisne),
La Société coopérative de battage des récoltes d'Haudivilliers (Oise),
La Société coopérative de battage des récoltes de Montreuil-sur-Brèche, près de Clermont (Oise),
Le Syndicat agricole du département du Jura,
Etc., etc.

Cette liste n'est pas complète, et il serait, quant à présent, sans utilité d'y ajouter d'autres noms. Telle qu'elle est d'ailleurs, elle suffit pour que l'on se rende un compte exact du développement qu'a pris de nos jours l'application du système de l'Association et c'est par elle qu'il convient de terminer cette trop longue étude. Il serait assurément fort intéressant de connaître dans leur détail, les procédés de fonctionnement de ces diverses sociétés, les circonstances qui ont contribué à leurs succès et les résultats qu'elles obtiennent, principalement au point de vue de la rémunération du travail ; mais, ainsi qu'il a été dit en commençant, ces développements sont plutôt du ressort de l'Économie sociale et formeraient le sujet d'un nouveau travail qui sera entrepris si la Société le juge convenable.

Juin 1895.

DEUXIÈME PARTIE.

SITUATION ACTUELLE.

De l'exposé qui précède, se dégage assez nettement, il me semble, cette démonstration que
l'Association a été pour l'homme, à toutes les
époques de son histoire, l'un des besoins les plus
essentiels de son existence : Si l'on veut bien, en
effet, reprendre pas à pas la série des transformations qui en marquent les étapes à travers
les siècles, on s'apercevra qu'à chacune des évolutions qui se sont produites dans les conditions
de l'activité humaine, l'Association vient s'adapter
comme une nécessité permanente et inéluctable.

Dès les premiers âges, l'homme sentant son
impuissance s'il demeure isolé, se réunit à ses
semblables pour lutter contre les forces de la
nature et contre ses ennemis ; plus tard le servage opprime l'humanité, et les serfs unissent
leurs efforts pour conquérir leur indépendance
dans le grand mouvement des communes ;
plus tard encore et quand il ne s'agit plus pour
eux de défendre leur existence et leur liberté
individuelle ; mais de s'assurer le produit de leur

travail, les artisans se rattachent les uns aux autres par les liens de la corporation ; et s'ils en arrivent à se diviser, si les ouvriers se séparent des patrons, c'est pour se reconstituer en organisations rivales ; et l'on voit bientôt, entre ouvriers et patrons, renaître la lutte qu'ils avaient autrefois soutenue ensemble contre leurs oppresseurs communs ; les uns combattront pour la défense des privilèges qu'ils se sont arrogés, les autres pour la conquête des droits qu'ils revendiquent.

Enfin et à des époques plus rapprochées de nous, l'association revêt des formes moins violentes ; grâce à l'action du temps, à l'adoucissement des mœurs, au développement des libertés individuelles et sociales, les efforts se concentrent dans la défense des intérêts matériels de la vie ; la lutte a moins pour objet l'asservissement des classes que la recherche des moyens d'améliorer leur situation.

A leur tour, et par une sorte d'action parallèle, les conditions économiques de la société subissent une transformation analogue ; et de même que l'isolement primitif de l'individu, en lui révélant l'insuffisance de son effort, l'a poussé à rechercher l'appui de son semblable, de même les modifications qui se produisent dans les formes de l'activité humaine en arrivent à démontrer la supériorité du travail collectif sur le travail individuel, et l'impossibilité pour celui-ci de lutter contre celui-là. L'expérience a commencé plus tard et a duré plus longtemps, mais elle n'en est que plus décisive, et c'est à elle qu'il faut faire remonter l'origine des sociétés industrielles et commerciales. On verra, par les faits, que leur développement a été rapide et qu'elles ont bientôt pris dans la sphère des intérêts économiques une prépondérance telle, que l'Association est devenue de nos jours la principale régulatrice du travail.

Or, le but que se propose cette étude, est précisément de décrire les formes diverses sous lesquelles l'Association fonctionne aujourd'hui et de constater l'influence qu'exerce son emploi sur la condition des classes ouvrières.

Dès les premières années de ce siècle, et dès que la France, enfin sortie de la longue période de troubles et de guerres qui l'avait épuisée, a pu se reprendre et se livrer en paix au travail, on a vu se créer des sociétés industrielles et commerciales dont la constitution intérieure offre peu de variété. Elles sont, le plus souvent, formées par des associations de capitaux fournis par les patrons qui les personnifient et les administrent seuls, et emploient des ouvriers dont le travail est rémunéré au moyen d'un salaire fixe, déterminé par le patron.

Dans ces sociétés, l'ouvrier est un étranger dans l'entreprise ; il n'est pas intéressé à son succès et ne s'y rattache que par son salaire. Encore sur ce point son droit est-il restreint ; il

peut bien débattre le prix de son travail mais il
n'a aucune action pour en discuter les conditions.
Sa situation dans la société est donc précaire ; il
est entièrement à la merci de son patron, et, dans
un pareil état de choses, il n'est pas surprenant
que, cédant à une tendance trop naturelle à l'humanité, il n'en arrive à voir en lui un adversaire
dont les intérêts sont opposés aux siens, et qui
cherche à tirer le meilleur parti de sa collaboration, tout en cherchant à la rémunérer le moins
possible. De là, des luttes qui se succèdent,
s'exaspèrent d'année en année et se traduisent
par des grèves, des coalitions, des syndicats
d'ouvriers dont les prétentions et les exigences
prennent un caractère de plus en plus alarmant.
Il ne convient pas de s'étendre ici sur ce sujet
dont l'examen donnerait lieu à des considérations
qui doivent demeurer en dehors de nos travaux.
Il suffit de l'avoir indiqué en quelques mots avant
d'aborder la question qui fait l'objet de cette
étude.

Les sociétés constituées entre patrons, four-
nissant les capitaux et dirigeant seuls l'entreprise,
et ouvriers rémunérés au moyen d'un salaire fixe,
représentent donc encore aujourd'hui, ainsi qu'on
vient de le dire, le type le plus répandu de
l'Association ; mais les inconvénients signalés
plus haut étaient de nature à préoccuper l'esprit
des patrons et devaient les inciter à rechercher
une formule qui, tout en conservant le bénéfice

du travail collectif, pût apporter un remède au mal résultant de l'isolement de l'ouvrier dans la société.

On a vu dans l'exposé historique que, dès 1848, certains groupes d'ouvriers avaient essayé de se soustraire à la suprématie des patrons en créant des sociétés dont ces derniers étaient exclus, mais on a vu aussi que le défaut d'un capital initial destiné à faire face aux difficultés inhérentes à tout début, avait fait avorter la plupart de ces entreprises, dont un petit nombre a survécu. Ces associations connues sous le nom de *Sociétés de crédit, de production, de consommation* n'étaient, à tout prendre, que des tentatives d'affranchissement ; elles laissaient intact et n'essayaient même pas d'aborder le problème qui sollicite le plus vivement l'attention des esprits préoccupés de l'avenir : Le but à poursuivre consiste en effet à rapprocher l'ouvrier du patron, et l'on sent bien que pour arriver à ce résultat il faudrait trouver une combinaison de nature à réunir leurs intérêts dans un lien de solidarité au lieu de les maintenir dans leur état actuel d'isolement et d'hostilité.

Dans cet ordre d'idées, quelques grandes sociétés ont cherché à réaliser le programme : les unes en favorisant parmi leurs ouvriers la création d'associations coopératives destinées à leur fournir, dans les meilleures conditions de qualité et de bon marché, les objets nécessaires à leur existence ; les autres en fondant à leur profit des institutions patronales de primes sur-salaires, secours, pensions, etc., etc.; mais si ces institutions étaient autant de témoignages de l'intérêt que les compagnies portent à leur personnel, elles n'en avaient pas moins l'inconvénient de se présenter, aux yeux des ouvriers, sous la forme d'une simple manifestation de bienveillance, une sorte de charité essentiellement volontaire, sujette à révocation et n'ouvrant par suite aucun droit en faveur de ceux qui en sont l'objet; le problème était abordé, il n'était pas résolu. D'autres enfin ont songé à intéresser directement l'ouvrier à leur entreprise; en l'admettant dans leur association; en lui accordant un droit à la participation de leurs bénéfices, et en réglant l'exercice de ce droit par des statuts qui sont la loi des parties.

Cette fois, et à la condition que ce nouvel effort soit couronné de succès, il semble bien que le but soit prêt d'être atteint.

A cet endroit, il est facile de prévoir et de dresser le plan de cette étude : On commencera par définir le caractère propre et à décrire le mode de fonctionnement des diverses formes d'association qui viennent d'être énumérées, savoir :

1° Sociétés commerciales et industrielles ordinaires ;

2° Sociétés coopératives de crédit, de production, de consommation, syndicats, économats, etc. :

3° Sociétés dans lesquelles existent des institutions patronales au profit des ouvriers;

4° Enfin Sociétés de participation.

On fournira à l'appui des exemples parmi les établissements dont l'organisation paraîtra mériter d'être signalée et autant que possible choisis parmi les sociétés fonctionnant dans le département ; puis on terminera par des considérations générales sur les mérites comparés des divers modes de rémunération du travail et sur l'influence qu'ils peuvent avoir dans la grande question de pacification entre ouvriers et patrons qui représente et résume au plus haut degré l'intérêt qui s'attache à cette matière.

Chapitre Premier.

SOCIÉTÉS COMMERCIALES

ET INDUSTRIELLES.

De ces associations qui se présentent sous les dénominations de Sociétés en nom collectif, en commandite par actions, anonymes, à résponsabilité limitée, à capital variable, etc., nous n'aurons que peu de chose à dire. Outre qu'elles ne se rattachent qu'indirectement à l'objet de cette étude, on peut dire qu'elles sont de pratique courante, répandues à la ville et à la campagne et que nous vivons au milieu d'elles ; leurs statuts, leurs procédés de fonctionnement sont connus de tous, et il suffira, en ce qui les concerne, de rappeler ce qui a été dit sur leur constitution intérieure, sur la situation respective qu'elles font aux patrons et aux ouvriers, sur la prépondérance presque exclusive des uns, sur la subordination des autres, et de constater à nouveau, les conséquences fâcheuses que cet état de choses a produites sur les esprits.

Les institutions coopératives et patronales adoptées par certaines compagnies peuvent, à la vérité, servir de correctif et, dans certains cas, ont pu effectivement contribuer à alléger le sort de l'ouvrier : on trouvera même, dans la suite, des exemples qui démontrent que ces fondations, ont, dans des circonstances particulières, abouti au rapprochement et à l'union des patrons et des ouvriers ; mais tout en rendant à ces mesures l'hommage qui leur est dû, il n'en faut pas moins reconnaître qu'elles sont rares ; qu'elles laissent encore un désidératum à réaliser ; qu'elles gardent encore le caractère de précarité qui a été signalé déjà, et qu'à ce titre, elles ne peuvent être considérées que comme un acheminement à la solution définitive.

Chapitre Deuxième.

1^{ent} SOCIÉTÉS COOPÉRATIVES ;

1° *Sociétés de Crédit.*

Une Société coopérative de crédit est une association dont chaque membre est en même temps client et commanditaire. Elle est mutuelle, chacun donnant et recevant ; son but n'est pas la bienfaisance, mais la jouissance de services déterminés par les statuts. Elle favorise la production et le classement du capital, par l'augmentation du revenu, et, en somme, contribue à la prospérité publique.

Ces institutions, dont le caractère essentiel est la mutualité, sont très répandues en Allemagne, en Italie et en Belgique où elles constituent des sortes de caisses d'épargne et de banques populaires chargées de recueillir des économies, sous la condition expresse de les faire valoir dans les lieux où elles se sont formées : Elles sont donc tout aussi aisément agricoles dans les campagnes que commerciales dans les villes, et aident, à la fois, les petits cultivateurs et les petits artisans qui s'élèvent sur place dans l'échelle sociale, par l'extension de leurs opérations ; elles jouissent d'une grande faveur dans ces contrées et y rendent de nombreux services, grâce à la décentralisation politique , administrative et commerciale qui favorise et facilite leurs moyens d'action.

Ces conditions, il faut le reconnaître, étaient éminemment propices au développement de l'institution ; les populations des campagnes, ayant à leur disposition un instrument qui assurait un fructueux emploi de leurs ressources et offrait aux cultivateurs et aux artisans qui en avaient besoin une facilité de crédit à leur portée et peu onéreux, devaient vite comprendre tous les avantages qu'elles pouvaient en tirer. Aussi les banques populaires prirent elles, en peu d'années, une extension considérable : Voici d'après des renseignements officiels, le bilan, pour l'année 1894, des opérations de crédits effectuées par les banques allemandes dont la fondation est l'œuvre de M. Schulze-Delitzch.

Le nombre des Sociétés coopératives allemandes était, à cette époque de 11.141, parmi lesquelles les Sociétés de Crédit figurent pour un total de 6 417, et comprennent 509.720 membres.

Les prêts effectués par elles représentent un chiffre total de près de 2 milliards ; les capitaux empruntés s'élèvent à 572.168.168 ; le capital propre en actions est de 150.640.282 ; la réserve de 43.885.528 et les bénéfices nets réalisés de 11.859.625 fr.

Il faut ajouter que ces Sociétés comprennent des agriculteurs au nombre de 82.513, lesquels ont reçu en prêts, pendant l'année 1894, un total de 221.343.915 fr.

En Italie, les banques populaires créées en 1864, comptaient, d'après les renseignements fournis à la fédération générale :

En 1881, 105.177 sociétaires.

En 1888, 318.979 »

En 1881, leurs escomptes annuels étaient de 571.222.000 francs.

En 1888, ces escomptes s'élevaient à 1.405.513.000 francs.

En Belgique, les 18 banques populaires en activité pendant l'année 1888-1889, comptaient 10.379 sociétaires ayant versé un capital de 2.096.000 francs ; elles avaient en dépôts ordinaires et en dépôts d'épargne 7.167.000 francs ; avec 9 ou 10 millions elles faisaient avec leurs sociétaires près de 30 millions d'affaires par an.

La France est très loin derrière les 3 nations qui viennent d'être citées ; le crédit mutuel n'y fait que des progrès très lents et il n'est pas difficile d'en discerner la raison : Le crédit mutuel est en effet, de sa nature, essentiellement local et décentralisé, et son développement en France se trouve nécessairement enrayé par les obstacles que lui créent notre législation et nos mœurs nationales. Il faut même ajouter, pour dire toute la vérité, qu'alors même que les entraves de la législation disparaîtraient pour faire place à une sérieuse et large décentralisation, notre tempérament n'en répugnerait pas moins à la pratique du crédit mutuel : Il suppose, en effet, de la part de ceux qui seraient chargés de l'appliquer, non-seulement un sentiment de dévouement et de confiance dans les emprunteurs, mais encore un esprit de direction, une surveillance et un contrôle de chaque opération ; enfin il expose à une responsabilité qui pourrait, en certains cas, peser sur les dispensateurs du crédit ; et ces raisons arrêteront longtemps encore dans notre pays le développement de ces institutions ; aussi n'en trouvons nous que de rares exemples que nous devons cependant résumer en quelques mots.

« Le Crédit mutuel et populaire » fondé en 1882 par le révérend père Ludovic de Bresse, a son siège à Paris, rue des Lombards ; son capital, au 31 décembre 1888, était de 93.000 francs dont 26 810 francs restaient à verser. Le capital est divisé en actions nominatives de 50 francs, transmissibles seulement avec l'assentiment du Conseil d'administration. Cette Société ne fait d'affaires qu'avec ses actionnaires dont elle escompte les effets ; l'importance annuelle de ses opérations s'est élevée de 493.439 francs en 1885, à 1.762.000 francs en 1888. Elle ne distribue ni dividendes, ni intérêts, mais répartit les bénéfices nets au prorata, en capital, des affaires faites avec les sociétaires.

On peut aussi noter quelques banques qui fonctionnent, non sans quelque succès, à Alger,

Marseille, Saint-Chamond, Menton, etc., etc.; ce sont plutôt des caisses urbaines que des caisses rurales.

Cette dernière catégorie comprend notamment : le Crédit mutuel de l'arrondissement de Poligny ; la Société agricole de l'arrondissement de Senlis etc., etc., qui représentent des associations de propriétaires et d'ouvriers agricoles, composées de membres actifs et de membres honoraires : les actions sont de 5o francs pour les premiers, de 5oo francs pour les seconds. Ces derniers ne retirent du reste aucun avantage pécuniaire de leurs actions. Les membres participants ont seuls le droit de contracter une avance.

Les Sociétés de Crédit mutuel sont des institutions fort utiles. Elles pourraient rendre de réels services et les syndicats agricoles devraient bien s'inspirer de leur esprit pour élargir leurs opérations ; dans tous les cas, il est désirable qu'il se produise prochainement, dans nos mœurs sociales, un mouvement généreux qui modifie les idées courantes et nous permette d'entrer plus avant dans la voie que nous montrent nos voisins.

2° *Sociétés de production.*

Les associations coopératives de production sont celles où les associés apportent, à la fois, de l'argent, et leur travail ; ce type de sociétés, auquel se rattachent non-seulement des exploitations agricoles, telles que laiteries, fromageries, battage de récoltes, etc., représentent donc, à côté de l'association des capitaux, celle des forces et des aptitudes, celle des cerveaux et des bras. Leur histoire offre malheureusement de rares exemples de succès au milieu de nombreux échecs ; et il sera facile de se rendre compte de ce résultat si l'on examine la constitution intérieure de ces sociétés. Indépendamment en effet des difficultés que rencontrent les associations les plus puissamment organisées pour faire face à la crise économique que nous traversons, les sociétés coopératives renferment dans leur sein, des germes dissolvants, qui nuiront longtemps encore à leur essor. Le capital qui leur serait nécessaire pour prospérer, éloigné par la perspective d'une rémunération médiocre, leur fait souvent défaut ; plus souvent encore, leurs gérants n'ont pas une autorité nécessaire et leur action directrice se trouve à chaque instant entravée par l'intervention abusive de simples associés dans la gestion de l'entreprise ; aussi, tant que le raisonnement et le sentiment d'une sage subordination ne parviendront pas à dominer les préjugés ; tant qu'il n'y aura pas, à la tête de ces sociétés, un pouvoir exécutif puissant, sérieusement contrôlé sans doute, mais sûr du lendemain et protégé contre des immixtions anarchiques, il ne faut pas s'attendre à voir ce type de sociétés sortir des embarras que lui créent les défectuosités inhérentes à sa constitution intérieure et il est à cráindre que de nouvelles tentatives n'aboutissent à de nouveaux échecs.

Il y a cependant à cette règle générale quelques exceptions que l'on est heureux de noter au passage ; on rencontre, en France, un certain nombre d'établissements coopératifs qui sont en pleine prospérité et sur lesquels il convient de s'arrêter un instant.

Aux premiers rangs de cette série, devraient figurer, en cet endroit, quelques établissements qui ont acquis une grande notoriété justifiée par les plus hautes récompenses à l'exposition de 1889, et notamment : La Société du Familistère de Guise ; l'ancienne maison Leclaire, de Paris (entreprise de peinture) ; la maison Mame, de Tours; la papeterie coopérative Laroche-Joubert, d'Angoulême; la maison du Bon Marché, à Paris ; etc., etc. ; mais ces grands établissements ayant introduit dans leurs statuts le système de la participation de leurs ouvriers aux bénéfices de leur entreprise, il semble plus rationnel de les étudier quand nous aurons à nous occuper du régime de la participation.

Quant à présent, nous nous bornerons à l'examen de plusieurs établissements coopératifs de production proprement dite, à savoir :

Dans la branche du Commerce et de l'Industrie :

Associations ouvrières de production de Paris.

Ces établissements, groupés autour d'une chambre syndicale consultative qui a son siège rue Cadet, 18, comprend un grand nombre d'associations correspondant aux diverses branches de l'industrie et il serait sans intérêt de les énumérer en entier ; nous nous bornerons donc à quelques renseignements sur les principaux d'entre eux, à savoir :

1° *Société des ouvriers charpentiers de la Villette.*

Cette Société constituée en novembre 1881, a pour but l'exploitation de tout ce qui concerne l'industrie de la charpente en bois et en fer. Le capital souscrit, d'abord fixé à 3o.ooo francs, a été, depuis, porté à 92,8oo francs, il est divisé en 928 actions de 100 francs ; l'outillage est la propriété de l'Association ; la Société est administrée par un Conseil d'administration composé de 10 membres nommés par l'Assemblée générale ; ce Conseil, investi des pouvoirs les plus étendus, peut les déléguer à un directeur unique, pris dans son sein et dont le mandat, sans limitation de durée, peut être, sur la proposition du Conseil, révoqué par l'Assemblée générale. Le Directeur jouit d'un traitement de 4oo francs par mois et n'a dans les bénéfices aucune participation autre que son dividende d'actionnaire. Le nombre des ouvriers est d'environ 200 et comprend la presque totalité des chefs d'ateliers des bons chantiers de patrons. La Société paie o^f 9o^c de l'heure alors que les patrons ne donnent que o^f 8o^c.

Les bénéfices, après prélèvement de 10 °/₀ pour former le fond de réserve légal et servir l'intérêt à 5 °/₀ à tous les actionnaires, est réparti ainsi qu'il suit : 6 °/₀ pour la formation d'un fond de réserve extraordinaire et 40 °/₀ entre toutes les actions ; cette réserve extraordinaire s'élevait dans l'inventaire dressé au 31 décembre 1890, à 43.233 francs. En 1889, les actionnaires ont reçu (intérêts compris) un dividende de 8 °/₀. Le bilan de la Société accuse en 1889-1890 un bénéfice de 96.000 francs. Il existe au profit des associés une caisse de retraite, alimentée par une subvention de la Société ; mais les ouvriers n'y ont recours qu'à la dernière extrémité, la Direction cherchant à approprier autant que possible leurs occupations à leur degré de force et de santé.

Depuis l'époque à laquelle je reporte les chiffres ci-dessus, la Société des ouvriers charpentiers n'a pas cessé de prospérer, ainsi que le démontre le bilan du dernier exercice, lequel s'établit comme suit :

Mouvement d'affaires 800.000 fr. ; bénéfices permettant d'élever la réserve légale à la somme de 16.263 fr. et la réserve extraordinaire à 104.518 fr. ; puis d'attribuer 124.336 fr. aux actionnaires et de consacrer 16 142 fr. à la caisse des retraites.

Le salaire est porté à 1 fr. de l'heure.

L'outillage estimé 50.000 fr. est entièrement

amorti ; les matériaux en chantier représentent une valeur de 150.000 fr. ; les valeurs et effets en portefeuille, le compte créditeur chez le banquier dépassent le chiffre de 320.000 fr., etc., etc.

D'importants travaux ont été exécutés par la Société ; notamment ceux du Champ de Mars et la Galerie des machines ; les mairies des 6e et 14e arrondissements ; les hôpitaux Laënnec et Lariboisière ; l'hospice des Quinze-Vingts ; le lycée Racine, etc., etc.

Enfin l'Association a reçu des médailles à toutes les expositions depuis 1885.

2° *Association collective de charronnage.*

Cette Association qui s'était d'abord constituée en 1883 sous la forme de Société anonyme, au capital de 10.000 francs avec 14 ouvriers, avait, en 1887, porté à 50.000 francs la valeur de son actif social, comptait 30 sociétaires tous égaux et avait réalisé un bénéfice de 8.395 francs.

Son capital est divisé en actions de 100 francs, avec latitude de versements mensuels de 2 francs ; nul ne peut posséder moins d'une action et plus de 10 ; l'intérêt est de 5 % par an.

Le Directeur est élu par l'Assemblée générale pour 18 mois ; il est rééligible, mais toujours révocable en cas d'agissements contraires à l'intérêt de la Société ; il décide seul les questions de peu d'importance ; pour les autres, le Conseil statue. Il est payé à l'heure, au prix de 0f 75c comme tous les autres associés ouvriers, et touche pour ses faux-frais 2 % sur les encaissements. Sur les bénéfices, 60 % deviennent propriété sociale collective et indivisible, les 40 % de surplus sont versés à une caisse de secours mutuels et de retraite pour la vieillesse avec cotisations fixes de 2 francs; de plus la Société a souscrit à une Compagnie privée une police d'assurances contre les accidents du travail et paie par moitié avec ses ouvriers les primes annuelles de cette assurance.

3° *Association des ouvriers typographes.*

Cette Société, fondée en mars 1866, par 30 membres réunissant un capital de 6.000 francs, a passé par des phases bien instructives que je voudrais résumer ; constituée, sous la forme collective à l'égard des gérants, et commanditaire à l'égard des associés, par des versements statutaires de 2 francs par semaine jusqu'à concurrence de 1.000 francs, montant de l'action souscrite par chaque associé, cette Société n'a pu jusqu'à présent distribuer aucun bénéfice à ses actionnaires. Son capital originaire était insuffisant. Ses associés n'opéraient pas régulièrement leurs versements, et il a fallu recourir aux banquiers dont les exigences absorbaient le plus clair des bénéfices ; en sorte que la Société a dû déposer une première fois son bilan et fut mise en faillite au commencement de 1870. Elle obtint un concordat par lequel elle s'obligeait à payer en 5 ans la totalité de son passif alors de 95.ooo francs ; la guerre intervint et elle dût suspendre ses travaux qu'elle ne reprit qu'en juin 1871.

Mais la faillite avait refroidi le zèle des sociétaires et éclairci leur rangs ; l'avenir n'était pas rassurant et un remaniement s'imposait. La Société fit alors choix d'un nouveau gérant et d'un nouvel administrateur, et les affaires reprirent un nouvel essor. En 1877, le passif était payé moins 10.ooo francs ; la Société prenait part à l'exposition universelle et la libération définitive semblait prochaine quand une entreprise avec l'Amérique, qui s'annonçait sous des dehors pleins de promesses, aboutit à un nouveau désastre et entraîna, en 1884, une nouvelle faillite, cette fois avec un passif de 200.ooo francs ; malgré cet insuccès, la confiance des créanciers et l'intérêt qui s'attache aux œuvres coopératives permettaient d'obtenir un nouveau concordat et la Société se remit à marcher. En 1888 elle avait ramené son passif à 12.000 francs et semblait assurée de sortir victorieuse de la lutte qu'elle soutenait avec tant de persévérance. Il ne m'a pas été possible jusqu'à présent d'obtenir des renseignements ultérieurs sur la situation actuelle de la Société et je ne saurais dire si ces espérances se sont réalisées ; mais ce qui ressort de l'exemple qu'elle nous donne fournit un nouvel argument à l'appui d'une observation déjà formulée au cours de cette étude, et qui démontre les dangers auxquels s'exposent les Sociétés qui ne s'appuient pas, au préalable, sur un capital suffisant pour parer aux éventualités du début; et l'on peut redouter que l'avenir ne réserve de nouveaux déboires à la production coopérative.

4° Association des ouvriers graveurs.

J'ai cependant la satisfaction de pouvoir vous signaler une association du même type et dont l'histoire éclaire d'une lumière bien suggestive la question qui nous occupe. Je veux parler d'une réunion d'ouvriers graveurs qui s'est constituée il y a 16 ans et qui fonctionne encore aujourd'hui à Paris, 25, quai des Grands-Augustins. Je tiens mes renseignements de la bouche même du gérant de cette Société, qui m'a exposé, en toute sincérité, les phases par lesquelles a passé son entreprise.

Il y a donc environ 16 ans, un ouvrier graveur récemment libéré du service militaire, n'ayant à sa disposition qu'un petit capital et un modeste mobilier, s'adjoignit 4 ou 5 camarades de profession et leur proposa de mettre en commun leurs capacités professionnelles « et leur travail » : il n'avait à attendre d'eux aucun apport de capital, mais il crut pouvoir passer outre et loua un tout petit local dans lequel les associés se mirent résolument à l'œuvre. Tant que la Société ne comprend que les associés de la première heure, l'accord demeure parfait entre eux : Les affaires s'annoncent bien ; les bénéfices sont minimes, mais il y en a ; le gérant les distribue à la fin de chaque semaine et chaque semaine permet de constater une progression qui fait bien augurer de l'avenir ; Au bout de quelques années la mort a fait des vides parmi les fondateurs, et de nouveaux membres sont appelés à les remplir ; mais ces nouveaux venus ne sont pas inspirés par les sentiments qui ont maintenu l'accord entre les fondateurs ; la défiance, le désir de contrôler et surtout de discuter les actes du gérant, introduisent dans ce milieu autrefois si uni, la suspicion et la tendance à s'immiscer dans la gestion de l'entreprise.

Les affaires continuent cependant à se développer, mais les bénéfices disparaissent. En présence de cette anomalie qui révélait l'existence de graves désordres intérieurs, le gérant prit un parti radical et procéda à une rigoureuse épuration de son personnel.

Apportant le plus grand soin dans le choix de ses nouveaux collaborateurs, il n'admit que ceux qui se déclaraient prêts à accepter sa direction sans essayer de l'entraver. Le succès fut complet, et, depuis lors, l'union la plus complète n'a pas cessé de régner dans ce milieu réformé.

Les affaires ont pris une extension considérable et les bénéfices ont progressé en proportion. La Société s'est installée dans un local important ; sa clientèle s'est répandue à Paris, en province et

notamment à Laon où elle se développe d'année
en année. Ses produits sont appréciés, ses prix
très modérés et sa prospérité semble définitivement
assurée.

Ce qui fait la caractéristique de cette société,
c'est qu'elle n'a pas de statuts écrits. Le gérant
de fait administre seul ; ses ouvriers l'assistent,
mais ne prennent aucune part à sa gestion. Il
engage les affaires, commande les travaux, en
dirige et surveille l'exécution ; il encaisse les produits du travail et les répartit entre ses camarades
sans autre règle que son esprit d'équité. Il ne
souffre aucune immixtion ; et comme chacun de
ses associés sait parfaitement qu'une tentative
dans ce sens entraînerait son renvoi immédiat,
chacun se tient tranquille et concentre ses aptitudes et son zèle dans son application au travail.

Il est certes curieux de voir une société qui
s'établit sans fonds social, qui prospère tant que
le gérant conserve une autorité absolue et périclite
dès que cette autorité est discutée. Voilà qui
déroute les idées actuellement en faveur, sur
l'égalité des droits entre associés ; et les réflexions
que suscite cet exemple ne peuvent manquer sans
doute d'éveiller de sérieuses appréhensions sur
l'avenir des sociétés coopératives, si leurs membres ne parviennent pas à se soustraire aux
tendances dissolvantes qui se manifestent dans
leur sein, le plus souvent au détriment de leur
intérêt réel.

Nota. — On peut objecter, il est vrai, que cet exemple ne tire sa valeur que de la valeur propre du gérant qui personnifie la Société ; aussi n'est-il cité qu'à titre de document, sans en déduire des conclusions générales qu'il serait d'ailleurs difficile de justifier.

Nous croyons devoir nous borner aux indications qui précèdent et qui s'appliquent à la branche du commerce et de l'industrie, pour nous occuper des établissements coopératifs qui appartiennent à la branche de l'agriculture. Branche de l'agriculture:

1° *Laiteries coopératives.*

Les laiteries coopératives qui ne représentent qu'un cas particulier de la production coopérative agricole, ont pris un grand développement dans notre pays. Le département de l'Aisne en compte trois, à Leschelles, à la Capelle et au Nouvion. Mais c'est surtout à l'étranger, aux États-Unis, en Italie et au Danemarck qu'elles se sont propagées dans une proportion considérable : Le Danemarck, en particulier, est en passe de devenir le fournisseur de beurre de l'Europe entière. Il en a, en 1895, exporté 35 millions de kilogrammes, doublant sa production des six années antérieures, tandis qu'en France, l'exportation des beurres et fromages est tombée de 119 millions à moins de 69, et ce sont les laiteries danoises qui ont pris la place.

Il est donc bien à désirer que nos fermières

comprennent mieux l'intérêt qu'elles auraient à recourir à l'union coopérative pour l'écoulement de leurs produits au lieu de se cantonner dans leur individualisme routinier. Elles y gagneraient doublement, au point de vue de la supériorité des produits qui est notable, et de l'économie des frais de production qui s'élève, pour le combustible, seulement, à près de 90 %.

Voici quelques renseignements qui s'appliquent à la laiterie de Leschelles :

Société anonyme et coopérative de la laiterie de Leschelles (Aisne).

Cette association dont la fondation est due à l'initiative de M. le comte Caffarelli et qui est composée des principaux propriétaires et agriculteurs de la commune de Leschelles (canton du Nouvion), s'est constituée en société coopérative (1887) au capital de 50,000 francs pour créer une laiterie industrielle qui comprend la laiterie proprement dite, les caves à beurre, une machine à vapeur et deux grandes porcheries, écrémage, barattage, lavage, malaxage, mise en mottes et en livres ; etc., etc. ; — tout est fait mécaniquement.

Du 31 mars 1888 au 1er avril 1889, la compagnie a reçu des coopérateurs 1,558,331 litres de lait qu'elle a payés 169,480 francs. Elle a produit 63,328 kilos de beurre qui ont été vendus 176,267 francs ; 550 porcs gras ont été vendus 50,700 fr. ; le bénéfice net de l'année a été de 14,300 francs, déduction faite de l'intérêt de 5 % servi aux actions de 500 francs ; les dividendes sont répartis d'après la qualité et la quantité de lait fourni par chaque coopérateur et non d'après le nombre d'actions possédées ; le lait de 370 vaches est apporté à la laiterie coopérative qui chaque jour reçoit 12,000 litres, produit 300 kilos de beurre et crée des relations directes entre les consommateurs et les producteurs. (Documents tirés du rapport du jury de l'exposition de 1889.)

Nota. — J'aurais désiré pouvoir vous fournir des renseignements sur la gestion de cette société, postérieure à l'année 1889 et vous faire connaître sa situation actuelle, et j'ai dans ce but adressé une demande à son directeur, mais j'ai le regret de vous dire que ma lettre n'a pas encore reçu de réponse.

2. *Société civile particulière de battage à vapeur des grains à Haudivillers (Oise).*

Cette société, créée en 1870 pour une durée de 12 années entre un directeur, M. Louvet, et 75 propriétaires, a pour but, d'après ses statuts, de produire, au profit exclusif des sociétaires, dans les meilleures conditions possibles, le battage de leurs grains par une batteuse portative, mue par une locomobile roulante.

Le capital social fixé à 7,617 francs, est représenté par la machine à battre, la locomobile et les accessoires. Il n'y a pas d'actions. Le capital est formé par les sociétaires, à raison de 10 francs par hectare, composant l'exploitation de chacun d'eux.

Les membres du conseil d'administration sont tous choisis pour 3 ans, parmi les sociétaires cultivant au moins 15 hectares. Les sociétaires, sauf autorisation spéciale, ne peuvent employer d'autre batteuse que celle de la Société et paient une indemnité de 5 francs par jour de battage, etc., etc.

Le résumé général des 12 années de battage écoulées depuis 1870 jusqu'à 1882, donne un total de près de 2 millions de gerbes battues et un chiffre de 43,336 francs de frais généraux. La société coopérative a ainsi effectué des battages au prix moyen de 21 francs 50 centimes par 1.000 gerbes de blé et de 17 francs par 1.000 gerbes d'avoine. Tout compte fait, le résultat des opérations de cette société constate une économie de 10 francs par 1.000 gerbes sur le prix de revient de battage par entreprise, qui coûtait 30 francs pour le blé et 26 francs pour l'avoine.

Cette économie est considérable surtout si l'on tient compte de ce fait que la société opère la plupart du temps chez des petits cultivateurs qui n'emploient la machine qu'une demi-journée, circonstance qui amène, à raison des déplacements successifs, une perte de temps et de travail qu'il est permis d'évaluer à 2 ou 3 francs par 1.000 gerbes. (Rapport du Jury.)

Établissement agricole de M. Louis Bignon à Theneuille (Allier).

Cet établissement est basé sur le régime du contrat de métayage que M. Bignon a perfectionné en y supprimant l'ancienne redevance et certaines clauses arbitraires qui décourageaient le métayer. Ainsi transformé, le métayage est devenu dans la propriété de M. Bignon, un véritable contrat d'association entre le capital et le travail agricole, et son application a exercé la plus heureuse influence sur la situation matérielle et morale de la population.

Le rapport du Jury constate, en effet, que la région de l'Allier, où se trouve l'exploitation de M. Bignon, a été complètement transformée à la suite des innovations introduites par lui dans le contrat de métayage. L'insalubrité des habitations et la misère des cultivateurs, y est-il dit, y ont entièrement disparu pour offrir le spectacle d'une grande prospérité.

J'avais également demandé sur le fonctionnement de ce régime, des renseignements qui ne me sont pas parvenus, j'ajouterai que ces renseignements seraient d'un intérêt secondaire pour nous qui habitons une contrée de la France où le métayage est inconnu.

Cet exposé des sociétés coopératives de production terminé, il y a lieu de passer à l'étude des sociétés de consommation.

3° *Sociétés de consommation.*

La société coopérative de consommation, dans sa pure conception, dit M. Léon Say, rapporteur général du jury de l'exposition de 1889, est une union de personnes achetant en commun pour se les distribuer entre elles, les marchandises nécessaires à leur consommation.

...Elle n'a pas d'autres clients que les sociétaires et ne fait pas de crédit. Les sociétés de consommation jouent, à l'égard de l'approvisionnement des classes populaires, un rôle analogue à celui des grands magasins de Paris pour l'approvisionnement des classes bourgeoises, avec cette différence que les grands magasins, tout en donnant leurs marchandises à bon marché, conservent pour eux un bénéfice, tandis que les sociétés de consommation distribuent ce bénéfice, à leurs sociétaires, à leurs clients eux-mêmes ; mais les uns et les autres rencontrent les mêmes ennemis, dans les villes où le petit commerce fait payer très cher les services qu'il rend, parce qu'il a des frais généraux en disproportion avec le prix des choses. Aussi qu'arrive-t-il ? C'est que les classes populaires réclament une législation favorable à la création de sociétés coopératives où elles puissent se procurer des marchandises de bonne qualité et à bon marché, tandis que le petit commerce s'y oppose par la même raison qui lui fait demander des lois de proscription contre les grands magasins — c'est la cherté qui fait la guerre au bon marché.

Quelle sera l'issue de cette lutte dans laquelle se heurtent des intérêts également respectables ? Il serait difficile de le dire dans l'état actuel des choses, mais on ne peut s'empêcher de faire des vœux pour la solution qui assurerait à la masse des travailleurs, les meilleures conditions au point de vue de leur approvisionnement en marchandises et denrées nécessaires à la vie.

Quoi qu'il arrive, les sociétés de consommation ont leur place marquée dans l'organisation économique de notre société et répondent à un besoin qui ne peut être contesté. Le consommateur individuel ne peut, en effet, acheter directement au commerce de gros ; il n'a pas les capitaux suffisants pour payer d'un coup les articles qu'il consommera pendant toute l'année. Il est contraint de s'approvisionner chez le détaillant qui cherchera à se l'attacher en lui ouvrant un crédit, mais le fera participer, par le relèvement de ses prix, aux pertes qui sont la conséquence inévitable des ventes à crédit. Avec la facilité qui lui est offerte, le consommateur contractera des habitudes d'imprévoyance qui lui rendront de plus en plus difficile la mise en équilibre de son budget ; en un mot il courra à sa ruine sans sauver le détaillant que la pratique dangereuse du crédit aura également entraîné dans le désastre commun.

Les sociétés coopératives ont précisément pour

objet de remédier à ces maux. Voyons dans quelle mesure elles ont réussi : Ainsi qu'il a été dit plus haut, la vente au comptant devrait être leur principe absolu, de même que leurs opérations devraient être limitées à leurs membres ; mais, en fait, cette double règle reçoit de nombreuses exceptions ; les sociétés qui vendent au prix de revient sont assez rares ; en général, elles pratiquent la vente au prix courant du marché et réalisent ainsi des bénéfices qui parfois sont distribués aux sociétaires, d'autres fois placés pour leur compte dans des caisses d'épargne ou de retraite. Ce deuxième mode semble d'ailleurs devoir être préféré à la vente au prix de revient ; dans ce dernier cas, en effet, le gain réalisé sur chaque achat, est très faible et disparait dans le courant journalier de la vie, tandis que, si ce gain est mis de côté par l'association, il se grossit et arrive à former un petit capital, qui est pris sur la dépense quotidienne et lui survit ; en sorte que l'on peut, pour résumer ce qui précède, établir en principe que la formation d'un petit capital épargné constitue, avec la nécessité de payer comptant, l'un des principes les plus féconds de la coopération distributive. (*Passim* rapport du Jury.)

L'expérience démontre, à l'appui de cette observation, que les sociétés qui se sont écartées de ces deux règles générales, n'ont pas eu généralement à s'en applaudir.

Quelques-unes d'entre elles, dans les localités où

le commerce fait beaucoup de crédit, ont cru devoir, pour soutenir la concurrence, offrir des facilités analogues à leurs sociétaires et n'ont pas tardé à souffrir de leur dérogation au principe.

D'autres, obéissant à des illusions aussi séduisantes que dangereuses, se sont figuré qu'il ne leur suffisait pas d'améliorer le sort d'un certain nombre de leurs ouvriers en leur procurant un bénéfice, par la suppression des intermédiaires ; qu'elles n'arriveraient ainsi qu'à transformer petit à petit, les ouvriers en bourgeois et que ce résultat ne fournirait qu'un médiocre appoint à la solution de la question sociale ; elles ont imaginé qu'elles avaient plus et mieux à faire, et que leur devoir, dicté par les traditions de la nouvelle école, consistait, avant tout, à mettre leurs bénéfices à la disposition de la grande cause qu'elles prétendent servir, celle de la réorganisation radicale de la société ; à leurs yeux, si les ouvriers consommaient ce qu'ils produisent et produisaient ce qu'ils consomment, on réaliserait l'union des producteurs et des consommateurs, et les bénéfices de la coopération recevraient l'emploi qui répondrait le mieux à la haute mission de propagande qu'elles ont entreprise ; un grand pas serait fait vers la paix sociale.

Il n'y a pas je pense, de grands efforts à faire pour démontrer le caractère utopique de cette conception, dont on retrouve un écho dans les derniers événements de Carmaux et qui dénature complètement le but de l'institution coopérative. Il n'est pas douteux que l'abus des intermédiaires est une plaie qu'il faut chercher à guérir, mais il n'est pas moins évident que la poursuite absolue de leur disparition ne ferait que déplacer le mal et l'aggraver. Il ne faut pas perdre de vue, en effet, que le défaut d'intermédiaires ne serait autre chose que l'abolition même du commerce ; et que le commerce, qui n'est lui-même qu'une forme du travail, a son rôle essentiel et nécessaire dans notre organisation économique.

Mais quittons ces chimères pour rentrer dans la réalité. En somme, le rôle de la coopération dans la constitution ouvrière représente un progrès ; les principes sur lesquels repose l'organisation des sociétés de consommation sont tellement simples qu'elles ont pu prendre une extension considérable, sans nécessiter un niveau intellectuel bien élevé ; le capital nécessaire à leur mise en œuvre n'a pas besoin d'être important et s'il opère au comptant, se renouvelle incessamment ; il n'y a pas d'opposition d'intérêt entre.les sociétaires ; les bénéfices sont d'une constatation facile et immédiate, et s'ils ne sont pas distribués aussitôt qu'ils sont réalisés, c'est avec le consentement des intéressés qui préfèrent les employer en placements d'épargne.

Donc, et pour toutes ces raisons, il n'est pas surprenant que ces sociétés se soient développées avec rapidité. D'après les calculs de M. Fougerousse qui s'occupe avec une autorité particulière de toutes les questions ouvrières, et dirige depuis plus de dix ans la publication du journal *La France sociale*, organe attitré des associations coopératives, le nombre des sociétés de consommation existant en 1890 peut être évalué à 800, comprenant environ 400,000 membres ; et comme ces membres sont presque tous chefs de famille, on peut estimer que 1,600,000 ou 2 millions de personnes avaient à cette époque recours aux sociétés coopératives pour leur alimentation et leur habillement, produisant ainsi un chiffre d'affaires qui représente un total d'au moins 140 millions.

Il résulte des derniers renseignements fournis par la statistique que le nombre des sociétés coopératives françaises de consommation qui n'étaient, comme on vient de le voir que de 800 en 1890, avait atteint au 30 novembre 1895 le chiffre considérable de 1197 dont 28 appartiennent au département de l'Aisne.

L'importance des avantages que les ouvriers tirent de ces institutions explique naturellement le développement qu'elles ont pris, ainsi qu'on en pourra juger par les exemples suivants :

1° *Association coopérative de consommation de la manufacture de glace de St-Gobain.*

Cette société, fondée sous le patronage du grand établissement dont nous avons déjà parlé, a été réorganisée en 1888. Elle est formée entre les ouvriers et les employés de l'établissement et a pour but d'acheter aux meilleures conditions de prix et de qualité, les substances, denrées et marchandises les plus nécessaires à la vie pour les revendre exclusivement aux membres de la société, aux autres employés et ouvriers de l'établissement, aux employés et ouvriers retraités.

Le capital social, fixé à 40,000 francs, est divisé en 800 actions de 50 francs chacune ; les fonds libres de la société coopérative et ceux résultant de ses opérations sont versés en compte courant dans la caisse de la compagnie de St-Gobain.

La société coopérative est administrée par un conseil de neuf membres, sous le contrôle de un ou deux commissaires chargés de remplir la mission de surveillance prescrite par la loi.

Après prélèvement des frais généraux, d'un intérêt de 5 % par an servi aux actionnaires et d'une retenue à titre de réserve, qui ne peut être moins de 5 % du bénéfice total, le surplus de ce bénéfice est attribué dans la proportion de 5 % aux actionnaires à titre de dividende et pour les 95 %, de surplus à tout consommateur, actionnaire ou non, proportionnellement à l'importance de ses achats.

Cette société est très prospère. En 1894, elle comptait plus de 300 sociétaires et le bénéfice de l'année s'élevait à près de 40,000 francs sur un chiffre d'affaires de 450,000 francs.

Indépendamment de cette société qu'elle patronne, la Compagnie de St-Gobain a créé en faveur de ses ouvriers un ensemble d'institutions de bienfaisance dont il sera parlé plus loin.

2° *Société des mineurs d'Anzin.*

Cette société compte plus de 3o ans d'existence.

Elle a pour but d'acheter les marchandises et denrées de consommation pour les livrer et céder aux associés et de mettre ainsi, par la suppression des intermédiaires, le consommateur en rapport avec le producteur. Elle achète donc, pour le profit commun des ouvriers, et ne revend qu'à eux ; les bénéfices qu'elle réalise sur la vente au détail, sont pour la plus grande partie attribués aux sociétaires acheteurs.

La société comptait en 1889 3118 membres recrutés parmi les employés et ouvriers de la compagnie ; le total des ventes s'est élevé depuis la fondation à 38 millions de francs et le total des dividendes distribués aux actionnaires acheteurs a atteint pour la même période la somme de 4,5oo,ooo francs, soit un dividende moyen de 11 fr. 8o %.

Nous retrouverons également la Compagnie d'Anzin au chapitre des « Institutions patronales. »

3° *Société coopérative du XVIII° arrondissement.*

Cette société a commencé ses opérations en mars 1866 avec 54 associés participants ; en 1889, elle réunissait 1550 familles d'ouvriers. Le capital social est constitué au moyen d'un apport de 50 francs que doit fournir chaque adhérent.

Il prend l'engagement de faire partie de la société pendant dix ans et de laisser pendant la même durée, son apport à la disposition de l'association, sans intérêt.

La société approvisionne dans ses magasins et distribue à ses sociétaires des marchandises de diverse nature, vins, liqueurs, épiceries, vêtements, articles de ménage, etc., le tout au comptant; l'excédent du prix de vente sur le prix d'achat est attribué à chaque associé. Son chiffre d'affaires pour l'année 1888 s'est élevé à près de 560,000 francs.

En dehors de ses opérations statutaires, la société a ouvert une caisse d'économie et de prêts mutuels constituée à l'aide de parts souscrites par les sociétaires à raison de 1 fr. 50 par mois et qui sont destinées à former :

1° Un fonds d'épargne converti en obligations françaises à lots ;

2° Un fonds de prêts mutuels employé en rentes françaises ou en obligations de chemins de fer français garanties par l'État; et ces parts, augmentées des intérêts, sont versées à chaque associé à l'expiration de son engagement limité à 5 ans.

4° Société de consommation des ouvriers des forges et aciéries du Nord et de l'Est.

Cette société est intéressante à étudier ; elle a créé le long de l'Escaut, à proximité de Valen-ciennes et du Câteau, d'importants établissements métallurgiques où elle occupe 2000 ouvriers, logés pour la plupart dans une cité qui compte 140 mé-nages. Une société de consommation, composée du personnel des usines et fondée en 1884, a pour objet l'achat, la fabrication et la mise en vente des marchandises et denrées nécessaires à ses actionnaires ainsi qu'aux employés et ouvriers de l'usine dans le but de les faire participer aux bénéfices de l'association. Elle paie patente et peut ainsi vendre à tout le monde. Elle ne fait pas de crédit, mais fournit des avances en mar-chandises sur le travail effectué. Constituée, au début, au capital de 10,000 francs divisé en actions de 50 francs, elle possédait en 1888 un fonds social de 20,000 francs. Du 1er jan-vier 1884 au 31 décembre 1888, le chiffre de ses ventes s'est élevé à 1,732,000 francs ; le nombre de ses clients est de 1200, les bénéfices bruts s'élèvent à 14.28 °/₀ du chiffre total des ventes, les frais généraux à 2.86 °/₀, d'où il résulte un béné-fice net de 11.42 °/₀.

Je pourrais multiplier ces exemples et vous entretenir de plusieurs autres sociétés de consom-mation établies dans un grand nombre de villes es départements, mais leur organisation repose à quelques détails près, sur les bases qui viennent d'être exposées et pour éviter des redites, je me bornerai à quelques indications sommaires suffisantes pour faire apprécier les nuances qui les distinguent.

La Ruche. — La ville de Lyon possède 35 établissements de cette nature au 1er rang desquels il faut placer *la Ruche.*

Cette société à responsabilité limitée, fondée en 1866, au capital de 15,000 francs, représenté par 150 actions de 100 francs, comptait en 1888 130 actionnaires. Ses bénéfices sont répartis de la manière suivante : 10 % au fonds de réserve, 54 % à tous les acheteurs au prorata de leurs achats et les 36 % de surplus pour la constitution d'un fonds de prévoyance dont les intérêts sont distribués chaque année aux sociétaires en exercice depuis dix ans et âgés au moins de 60 ans ; à ceux qui deviendraient aveugles, et aux enfants des sociétaires décédés. — Au 31 décembre 1888, l'association possédait un fonds de réserve de 32.840 francs, le mouvement des affaires pendant la même année s'est élevé à 224,000 francs, avec un bénéfice net de 7.64 % ; depuis sa fondation le total de ses ventes s'est élevé à 5 millions et ses bénéfices à 408,000 francs. Elle a distribué à ses acheteurs 223,000 francs, mis en réserve 32,000 francs et créé un fonds de prévoyance de 130,000 francs.

L'*Abeille Nîmoise* fondée en 1883, comptait en 1888, 618 membres ; possédait un fonds social de 30,000 francs et avait donné pendant les 5 années précédentes une moyenne de 10 % de boni sur ses achats.

Boulangeries coopératives.

Ces établissements sont très répandus en province et le succès ne les accompagne pas généralement ; il n'y a pas lieu d'ailleurs de s'en étonner si l'on veut bien se rappeler leur défectueuse organisation que nous avons eu l'occasion de signaler. Parmi ceux qui ont réussi, il faut mentionner les sociétés fondées par les agents des compagnies de chemin de fer dans les villes dépendant de leur réseau et qui admettent tous les acheteurs qui s'engagent à observer leurs statuts. Le département du Nord en compte 18, la ville de Lyon 15.

Le but que se proposent les boulangeries coopératives est de maintenir le prix du pain en relation exacte avec le prix des farines ; de fabriquer du pain de bonne qualité et de le vendre à un prix aussi bas que possible, grâce aux perfectionnements apportés dans la fabrication, à son importance et à une réduction notable dans les frais généraux. L'exploitation de ces établissements est avantageuse aux consommateurs qui, d'après les statuts, jouissent d'un bénéfice net de 5 centimes en moyenne par kilogramme de pain, représentant l'écart entre le prix de vente du commerce et celui que paient les sociétaires.

Le département de l'Aisne compte actuellement 15 établissements de cette nature ; la ville de Laon, notamment, possède une boulangerie coopérative fondée depuis plusieurs années et qui fonctionne d'une façon relativement satisfaisante.

Elle a été formée par un certain nombre d'adhérents au moyen d'un apport de 15 francs par personne et sa création a eu pour premier effet d'amener les boulangers de la ville à baisser leurs prix ; quant aux sociétaires, le principal avantage qu'ils retirent de leur association c'est de payer le kilogramme de pain environ 5 centimes de moins que chez les boulangers de la ville. Ils ne touchent d'ailleurs ni intérêts ni dividende, mais sont parvenus à former une réserve qui représente à peu près le double de leur mise sociale. — Ils sont actuellement au nombre de 120 environ.

Il est fort à désirer que ces établissements se développent et que les adhérents en facilitent l'administration par leur concours raisonné au lieu de l'entraver par leurs défiances et par leur immixtion dans la gérance.

Boucheries coopératives.

Ces établissements sont fort rares et ont généralement peu de succès. Elles rencontrent, en effet, dans leur création et surtout dans leur fonctionnement, des difficultés qui s'opposent le plus souvent à leur réussite.

Il leur faut un capital social assez élevé ; on ne trouve que très rarement, pour les administrer, des gérants compétents et honnêtes. La tromperie dans l'achat et surtout dans la vente, est considérée comme un art par les professionnels ; enfin, dans un esprit de solidarité qui ne se retrouve dans aucun autre corps, les bouchers se coalisent contre les sociétés coopératives qui leur font concurrence et corrompent leurs gérants.

De là des entraves, des difficultés de toute sorte qui neutralisent les efforts, et en arrivent, en peu de temps, à ruiner les entreprises — à ce point qu'une boucherie coopérative, fondée en mars 1888, à Nîmes, avec un capital social de 50,000 francs a perdu 12,000 francs dans les 20 premiers jours de sa création.

Société des Établissements économiques de Reims.

Cette société, qui comptait en 1888 30 sociétaires, a pour but de leur assurer une rente à partir de 60 ans et de leur permettre de réaliser des bénéfices sur leurs approvisionnements. A cette époque, le total de ses ventes s'élevait à 4,300,000 francs et le montant de ses bénéfices à 73,000 francs.

Syndicats.

Le principe syndical représente une forme d'association d'origine relativement récente, c'est, au ministère Waldeck-Rousseau et à la loi du 21 mars 1884 que remonte la première mesure législative qui ait fait entrer dans notre droit public, la faculté pour les travailleurs, patrons et ouvriers, entrepreneurs ou tâcherons, de s'associer librement pour la défense, l'étude ou la sauvegarde commune de leurs intérêts particuliers.

Cette institution se rattache donc, par certains côtés, aux sociétés coopératives que nous venons d'étudier ; elle les complétait utilement ; arrivait à son heure, et répondait à un besoin réel. Jusqu'à elle, en effet, l'organisation des sociétés ne comportait pas toujours une appréciation juste et équitable de la valeur comparée du travail et du capital ; trop souvent des divergences se produisaient à cet égard et donnaient lieu à des conflits nuisibles aux intérêts du travail, et c'était précisément en vue d'apaiser ces différents, au moyen d'un arbitrage librement consenti, que le législateur de 1884 avait édicté une loi de concorde et de paix ; mais le résultat ne répondit point à cette attente ; bientôt des suggessions et des influences funestes, envenimées par la passion politique, vinrent aggraver la situation en ajoutant leur action dissolvante aux griefs et à la défiance

que créaient d'autre part les divergences économiques ; en sorte que la loi des syndicats professionnels, au lieu d'être, comme l'espéraient ses
auteurs, un instrument de transaction et d'apaisement, est devenue une arme oppressive aux
mains des partis ; que les intérêts du travail ont
été sacrifiés aux intérêts politiques et que les syndicats en arrivèrent à exercer une véritable
dictature et à porter la plus grave atteinte à la
liberté du travail.

Cette dégénérescence du caractère et du but
originels de la loi a complètement dénaturé la
question, elle est devenue exclusivement politique,
et à ce titre ne pourrait trouver de place ici ;
mais, par contre, il nous reste un terrain qui a
échappé à la contagion, je veux parler des syndicats agricoles qui intéressent plus particulièrement
notre contrée et nous offrent un sujet d'études
heureusement placé au-dessus des discussions
irritantes ; je dois vous en dire quelques mots.

J'ai trouvé à cet égard dans les rapports du
Jury de l'exposition de 1889 et dans une intéressante communication de M. Le Trésor de la
Roque, qui préside l'un des deux groupes les plus
importants des syndicats de France, de précieux
documents que je crois utile de vous résumer.

Les syndicats agricoles, ainsi qu'on l'a vu plus
haut, n'existaient pas avant la loi de 1884, et
c'est presque par hasard que mention en fut faite
au parlement, dans l'énumération des groupes

appelés à profiter de la nouvelle législation. Or, c'est de ce côté que l'association syndicale a produit les résultats les plus notables ; l'esprit pratique a remplacé là les théories un peu vagues qui alimentent l'institution chez les ouvriers et l'étude rationnelle des questions utiles a donné l'essor à des progrès considérables.

Le but principal que se proposent les syndicats agricoles est de faciliter l'achat en commun des instruments, semences, engrais, denrées, etc., etc ., employés dans les exploitations rurales ; d'apprendre aux cultivateurs à se grouper pour des opérations communes et à s'instruire dans leurs réunions, sur les observations, les procédés. les méthodes de culture, la nature du sol et les différents éléments qui se prêtent aux combinaisons de produits variés et successifs.

Les avantages qu'ils présentent sont considérables et de diverses natures.

Au point de vue économique :

Ils facilitent la surveillance des denrées, la fréquence des analyses, les démarches nécessaires pour entretenir un stimulant près des fournisseurs : ils assurent le contrôle de la qualité des produits. la constatation et la répression des fraudes. Ils procurent à l'acheteur des conditions d'achat, qui représentent sur les prix ordinaires du marché, une réduction moyenne qui est pour les machines de 25 à 30 % et pour les autres produits de 10 à 20 °/₀ ; en d'autres termes le prix du gros augmenté seulement de 1.87 °/₀ pour les frais d'administration.

Au point de vue moral :

Le syndicat exerce une influence heureuse sur la dignité collective de ses adhérents ; leur admission est une sorte de garantie de loyauté dans les fournitures, de sûreté dans les engagements et de conscience apportée dans les transactions ; quelques syndicats n'ont même pas hésité à introduire dans leurs statuts la solidarité financière effective de leurs membres, et il n'y a pas d'exemple que les engagements contractés de ce côté n'aient pas été remplis.

Les syndicats agricoles de France se rattachent à deux centres principaux qui exercent sur eux une action de direction supérieure et de haut patronage tout en leur laissant leur autonomie et leur caractère particulier, suivant leur organisation et les besoins de la région. Le premier est le *Syndicat central des Agriculteurs de France*, fondé en 1886 ; le deuxième est l'*Union des Syndicats*, présidé par M. Le Trésor de la Rocque, notre compatriote par alliance et qui représente une sorte de fédération syndicale spécialement préoccupée des questions d'intérêt général.

Ces deux groupes directeurs ne se bornent pas à obtenir à leurs adhérents une économie de frais dans leurs achats, ils fournissent aux cultivateurs le moyen de vendre leurs produits sans recourir à des intermédiaires ; c'est ainsi que l'on voit aujourd'hui nos agriculteurs traiter directement avec les administrations voisines de leurs exploitations et que l'on a notamment obtenu de l'autorité militaire le fractionnement des fournitures nécessaires à l'armée afin de faciliter l'écoulement des produits de la terre dans le voisinage des lieux où ils ont pris naissance.

Les syndicats agricoles sont en outre appelés à rendre d'autres et de non moins importants services en introduisant parmi leurs membres la pratique de l'arbitrage dans les cessions multiples entre voisins qui donnent trop souvent lieu à des procès. Ils peuvent créer des offices d'offres et de demandes de travail, et en élargissant leur action, préparer les voies à un vaste crédit agricole qu'il serait onéreux de demander aux grands établissements financiers ; c'est là l'œuvre de l'avenir.

Dans l'état actuel, les syndicats agricoles ont pris dans ces dernières années, une grande extension dans notre pays et les opérations auxquelles ils ont servi d'intermédiaires ont imprimé une impulsion très active aux affaires qui se sont accrues, en peu de temps, dans la proportion de 1 à 5.

Quelques chiffres empruntés à une très récente statistique, vous édifieront sur l'importance du progrès réalisé.

Il résulte des renseignements que je dois à l'obligeance de M. le Trésor de la Rocque que le nombre des syndicats qui ont fait leur déclaration et ont rempli les formalités édictées par la loi de 1884, s'élève aujourd'hui à près de 1700 et que le chiffre de leurs adhérents dépasse 600.000. Ils sont groupés pour la plupart en unions dont le groupe de Paris notamment, que préside M. le Trésor de la Rocque, comprend directement 640 syndicats avec 450 000 membres.

Il y a environ 15 syndicats agricoles dans le département de l'Aisne, mais la plupart sont sans importance ; 4 seulement : ceux de Laon, Saint-Quentin, Château-Thierry et Marle font des opérations assez variées ; les trois premiers, comptent de 7 à 800 membres, celui de Marle moins de 200.

Ces chiffres sont peu satisfaisants et le département de l'Aisne qui, autrefois était placé en avant, se trouve aujourd'hui en arrière du plus grand nombre des départements agricoles. Il est vrai que chaque fabrique de sucre forme en quelque sorte un petit syndicat pour ses actionnaires et pour ses producteurs ; mais il n'en est pas moins désirable que l'institution se propage dans nos contrées où elle rendrait de très appréciables services à nos populations agricoles en les enlevant à l'isolement qui les met à la merci des intermédiaires.

Les opérations auxquelles se livrent les syndi-

cats agricoles sont extrêmement variées et s'éten-
dent à presque toutes les relations de la vie
économique des habitants des campagnes. Dans
un livre très récent paru sous le titre *la Coopération
de production dans l'agriculture*, M. le comte
de Rocquigny rend compte d'une mission
dont il a été chargé en 1894 par le Ministère du
commerce et de l'industrie et qui avait pour but
de recueillir des informations « sur les conditions
« du travail, le sort des populations agricoles et
« plus particulièrement les procédés coopératifs
« de production et de vente employés par les cul-
« tivateurs afin de remédier aux difficultés de leur
sort. »

Pour remplir sa mission, M. le comte de Rocquigny a fait une enquête sur place auprès d'un
grand nombre d'associations agricoles dans toutes
les régions du pays et il m'a paru intéressant de
porter à votre connaissance les résultats de cette
enquête dont j'ai reçu communication il y a quelques jours seulement.

Le travail de M. de Rocquigny met particulièrement en relief ce fait, que le principe de la
coopération de production dont l'existence coïncide
avec le développement des syndicats agricoles est
appliqué sous des noms variés dans un assez
grand nombre de circonstances et se traduit
aujourd'hui sous diverses formes et selon cinq
voies principales.

1° L'exploitation du sol ;

2° La préservation des récoltes ;

3° L'élevage du bétail ;

4° La transformation industrielle des produits agricoles ;

5° Et enfin la vente de ces produits.

Quelques détails sur ces divers modes d'application permettront d'apprécier la multiplicité des services que la coopération est appelée à rendre à nos agriculteurs :

1° En ce qui concerne l'exploitation du sol. les opérations coopératives des syndicats agricoles se manifestent : dans l'achat en commun ou la location mutuelle des instruments de culture : dans l'achat des engrais ; dans la création de pépinières syndicales ; dans les secours et l'aide mutuels que se donnent les membres de certains syndicats pour l'exécution de travaux sur leurs terres au profit des sociétaires empêchés par la maladie ou par un accident ; dans l'organisation des sociétés de crédit créées en vertu de la loi du 5 novembre 1894 ; dans la création de caisses d'assurances mutuelles contre les accidents, etc., etc.

2° En ce qui concerne la préservation des récoltes, la coopération permet de réaliser une action commune pour défendre effectivement les récoltes contre les parasites ou contre les accidents qui peuvent survenir. Dans cette catégorie on peut classer les associations pour la protection de la vigne contre les gelées ; pour la destruction des vers blancs ou des hannetons ; pour la défense des végétaux contre les insectes nuisibles et les maladies cryptogamiques ; pour la protection des récoltes contre le maraudage, etc., etc.

3° Dans l'élevage des animaux de la ferme, les syndicats d'élevage, nombreux dans le Dauphiné, réalisent une forme heureuse de la coopération ; il en est de même des opérations des associations agricoles pour l'achat d'animaux reproducteurs, et des assurances mutuelles contre la mortalité du bétail qui se comptent aujourd'hui par centaines alors qu'elles étaient à peu près ignorées il y a une douzaine d'années, etc., etc.

4° Dans la transformation industrielle des produits agricoles, nous avons déjà eu l'occasion de signaler les laiteries, les boulangeries coopératives, on pourrait y joindre d'autres industries agricoles, auxquelles les procédés de la coopération s'adapteraient parfaitement telles que la distillerie, la fabrication de l'huile, la préparation des conserves, etc., etc.

5° En ce qui concerne la vente des produits de la culture, les syndicats sont appelés à jouer un rôle important que nous avons déjà signalé et qui pourrait se compléter par des expositions collectives de produits et par d'autres moyens mis en œuvre afin de faciliter leur écoulement.

Ce tableau sommaire montre que, si la coopération n'est pas toujours suffisamment comprise par les agriculteurs, un grand nombre d'entre eux ont su cependant en appliquer les principes avec fruit. La mission de M. de Rocquigny aura eu une réelle utilité. Elle a permis, en effet, de connaître les excellents exemples fournis par des organisations disséminées sur tous les points du territoire et les formes variées sous lesquelles la coopération peut être féconde pour l'avenir de notre agriculture.

Économats des chemins de fer

A côté des sociétés de consommation, il y a lieu de dire un mot d'une institution qui en diffère en ce sens qu'elle n'offre pas tous les caractères essentiels de la coopération et n'est pas administrée par les intéressés, mais, en fait, s'en rapproche par la similitude des avantages qu'elle procure aux ouvriers ; je veux parler des économats des compagnies de chemins de fer.

La bienveillance de M. le Chef de gare de Laon m'a permis d'étudier sur place le fonctionnement de l'économat créé par la Compagnie du Nord et j'ai pensé que les renseignements qu'il m'a été donné de recueillir ne seraient pas sans intérêt pour vous.

Les avantages procurés aux employés et ouvriers de la Compagnie du Nord par cette utile création sont considérables et s'expliquent facilement : Les acquisitions des denrées qu'elle fournit à son personnel et qui comprennent la plupart des objets

nécessaires à la vie, aliments, combustible, vêtements de travail, etc., etc., sont centralisées à Paris ;
elles peuvent, par conséquent, être traitées dans
les meilleures conditions de bon marché et de
qualité, et leur transport au lieu de consommation
est effectué gratuitement par la Compagnie ; il est
donc possible de les distribuer à des prix bien
inférieurs à ceux du marché ; pour le charbon, par
exemple, la diminution atteint 50 %, pour l'huile,
elle est de près de 40 %, etc.

Les livraisons sont faites sur la présentation
d'un livret individuel mentionnant le traitement
ou le salaire, et ne doivent pas dépasser un certain
taux qui est soumis au contrôle du Chef de gare,
afin de s'assurer que les ouvriers ne cèdent pas
à des étrangers des fournitures exclusivement
réservées par le règlement au personnel de la
Compagnie.

On peut juger de l'importance de ce service
par ce fait que l'économat qui fonctionne à la gare
de Laon a un mouvement d'affaires qui dépasse
15,000 francs par mois et pourvoit seul à l'approvisionnement de 900 employés ou ouvriers de sa
circonscription.

Tel est le mode adopté par la Compagnie du
Nord, c'est-à-dire la livraison au prix de revient
augmenté d'un chiffre insignifiant de frais d'administration ; certaines compagnies livrent au prix
courant et distribuent à leur personnel le bénéfice,
résultant de l'économie réalisée sur les achats,

mais il n'y a là que des nuances d'application qui sont de pure forme et n'enlèvent rien aux avantages réels que les économats procurent aux ouvriers.

Nota. — Le mouvement coopératif, en France, a passé, depuis son origine, par une série d'évolutions dont l'étude jetterait un jour particulier sur la situation actuelle de la coopération et sur l'avenir qui lui semble réservé, mais les développement qu'exigerait cette étude trouveraient difficilement leur place ici, et il a paru à propos de les reporter à la fin de l'ouvrage dans un premier appendice qu'on trouvera plus loin.

Chapitre Troisième

INSTITUTIONS PATRONALES

EN FAVEUR DES OUVRIERS.

Le développement des affaires et la création d'un grand nombre d'établissements industriels ont eu pour résultat de modifier profondément la condition de la famille ouvrière. « L'usine, « dit M. Cheysson, rapporteur du Jury de « 1889, a fait le vide dans la campagne, elle a

« arraché les paysans à la charrue et les a
« agglomérés à titre d'ouvriers autour de ses
« machines. »

Après avoir constaté cette transformation, le
rapporteur étudie les conséquences qu'elle a
entraînées dans la constitution de la famille
ouvrière et recherche les moyens d'y maintenir
la paix et la prospérité. Un examen d'ensemble
de la situation lui fournit une observation dont
l'importance éclaire singulièrement la question :
« Dans la famille forte et saine, dit-il, se trouvent
« réunis les caractères suivants : La propreté de
« la maison ; la stabilité ; la prévoyance ;
« l'épargne ; la dignité de la femme etc., » du
côté de la famille désorganisée, au contraire, que
voit-on ? : « L'imprévoyance ; les dettes ; le taudis ;
« le cabaret ; le chômage ; la mauvaise tenue du
« ménage ; la désertion du foyer par l'épouse et
« la mère, etc., » quel contraste et quelle
démonstration éloquente du grand rôle que remplit
la famille dans la vie de l'ouvrier ! N'en ressort-il
pas, avec la dernière évidence, que la paix de
l'atelier dépend de la bonne constitution de la
famille ouvrière, et que tout ce qui contribuera à
augmenter la valeur morale du foyer domestique,
contribuera à assurer la paix à l'atelier ?

« Toutes les réformes, dit M. Jules Simon,
« peuvent tenir en un mot : « restaurer la famille. »

Cette observation ne pouvait échapper à
l'observation des chefs des grandes usines dont

l'intérêt, en cette matière, se confond avec celui de leurs ouvriers. Ils ont bien vite compris que les forces morales, telles que l'harmonie, la bonne organisation et le bien être de la famille ouvrière, sont de puissants facteurs économiques ; que cette question domine de haut les intérêts ; qu'elle renferme un problème des plus importants et que de sa solution dépendent la vie ou la mort de l'industrie. Aussi ont-ils multiplié, pour s'assurer ce précieux concours, les mesures et les combinaisons les plus variées, sur salaires, primes, économats, logements gratuits ou à prix réduits, écoles, asiles, coopération, participation aux bénéfices, etc., etc.

Cette imposante manifestation du patronage est certes très touchante et l'on ne saurait trop applaudir à la richesse et à la souplesse des moyens mis en œuvre par la bienveillance des patrons ; mais ces solutions seraient incomplètes si elles n'étaient pas inspirées, réchauffées par un sentiment plus élevé, plus généreux, celui de l'attachement du patron à son personnel : « *savoir aimer* », là est le grand secret, et le patron qui obtiendra le plus de ses ouvriers est celui qui mettra le plus de son cœur et de sa vie dans les rapports qu'il entretient journellement avec eux.

Ces considérations préliminaires posées, il nous sera plus facile de nous rendre compte de l'efficacité de ces institutions et de voir si le succès a répondu à la bonne volonté qui les a inspirées.

Parmi les établissements qui les ont adoptées, je vous entretiendrai de préférence de ceux qui se distinguent, par leur organisation supérieure et par les excellents résultats qu'ils ont obtenus.

Ce sont notamment les suivants :

1° *Compagnie des Glaces de Saint-Gobain.*

Indépendamment de la Société coopérative de consommation dont elle a favorisé la création parmi ses ouvriers, la Compagnie de Saint-Gobain a doté ses divers établissements d'une série de fondations destinées à améliorer leur condition et il suffira de les énumérer purement et simplement pour apprécier leur importance et les avantages qu'elles ont procurés au personnel ouvrier.

Elle a ouvert à Saint-Gobain et à Chauny un asile et des écoles pour les enfants, une école d'apprentissage pour les jeunes garçons et un ouvroir pour les jeunes filles et pourvoit ainsi à l'instruction et à l'éducation de 600 enfants.

Elle met à la disposition de ses ouvriers des logements sains et bien aérés, gratuits ou loués à bas prix, et qui sont répartis à Saint-Gobain et à Chauny. Il y en a 140 à Saint-Gobain et 390 à Chauny.

Elle accepte, dans une caisse d'épargne ouverte par la Compagnie, des dépôts d'argent dont elle sert l'intérêt à 3 1/2 %, et fait des avances gratuites aux ouvriers qui se trouvent dans un état de gêne momentanée ; elle assure également, à tous, le service sanitaire gratuit, et pour satisfaire à la fois les besoins du corps et ceux de l'esprit, elle sert de larges pensions de retraite à ses anciens ouvriers, et subventionne des sociétés de gymnastique et de musique, etc., etc.

Les sacrifices qu'elle s'impose de tous ces chefs sont très considérables ; ils se sont élevés pour l'année 1893 à 734.000 francs et représentent le douzième environ du chiffre total des salaires.

Enfin pour terminer ce que j'avais à vous dire de la Société de Saint-Gobain, je crois devoir reproduire ici l'appréciation que faisait de cette grande compagnie, un savant économiste, M. Paul Leroy-Beaulieu, dans la séance publique annuelle de l'Académie des sciences morales et politiques du 2 décembre 1893 qui lui décernait une de ses plus hautes récompenses.

« Cette Société est restée, phénomène rare, « depuis près de deux siècles et demi, à la tête « de toutes les maisons qui, dans le monde entier, « s'adonnent à l'industrie des glaces. Ce n'est pas « cette étonnante vitalité industrielle que l'Aca- « démie récompense, ce sont d'autres mérites : « occupant plus de 7,000 ouvriers dans ses diffé- « rentes usines, elle s'est partout occupée des

« besoins moraux et matériels de ce nombreux
« personnel. Indépendamment des pensions de
« retraite qu'elle lui sert libéralement, elle a favo-
« risé l'éclosion de sociétés coopératives de con-
« sommation, et, grâce à ce zèle pour les intérêts
« des travailleurs qu'elle emploie , elle a des
« ouvriers fidèles qui ne songent pas à la
« quitter et lui demeurent attachés jusqu'à la
« vieillesse. » (1)

(1) Parmi les documents qui m'ont servi pour cette partie
de mon travail et que je dois à une obligeante communication
de mon ami, M. Jules Henrivaux, le distingué directeur de la
manufacture de Saint-Gobain, je dois noter un très intéressant
projet dont il est l'auteur et qu'il a soumis, en 1890, à la Société
Industrielle du Nord de la France.

Ce projet qui a valu à M. J. Henrivaux une grande médaille
de vermeil et dont la réalisation apporterait une heureuse
amélioration dans la condition de l'ouvrier, consiste à étendre
et à perfectionner le rôle assigné, dans un grand nombre de
sociétés industrielles, aux caisses de prévoyance qu'elles ont
fondées dans l'intérêt de leur personnel. Ces caisses sont, dans
la plupart des cas, alimentées, soit exclusivement, par une
subvention annuelle de la compagnie, soit, à la fois, par une
subvention administrative, et par une retenue, volontaire ou
obligatoire sur les appointements des employés et ouvriers.
Les fonds de ces caisses, portés sur un livret individuel, sont
employés en placements à intérêts composés ou versés à la
caisse des retraites pour la vieillesse.

Or, dans la combinaison de M. Henrivaux, l'ouvrier possède
également un livret individuel :

Sur ce livret sont portées :

1º Une retenue mensuelle de 3 à 5 % du traitement fixe de
l'agent ;

2° *Compagnie des mines d'Anzin.*

Cette compagnie occupe environ 12,000 ouvriers dont le salaire moyen, qui était en 1866 de 800 francs, s'est progressivement élevé de manière à dépasser 1100 francs en 1888.

Indépendamment de la Société coopérative de consommation, constituée par ses employés et ouvriers, elle a fondé en leur faveur un ensemble

2° Une somme égale versée, à titre de subvention, par la compagnie.

Un intérêt de 4 %, capitalisé chaque année, est bonifié aux comptes individuels dont le capital est immédiatement acquis au titulaire du livret.

Mais, à ce moment, apparaît l'innovation qui fait le fond du projet de M. Henrivaux; au lieu d'être affectées à des placements à intérêts composés ou à des versements à la caisse de retraite pour la vieillesse, les sommes portées au livret sont consacrées, chaque année, au paiement des primes annuelles d'une assurance sur la vie contractée avec une compagnie. L'ouvrier, au profit duquel le contrat est passé, a le droit de choisir le mode d'assurance qu'il veut contracter : Soit une assurance en cas de décès garantissant des capitaux payables à la mort de l'assuré et servant à constituer le patrimoine de la famille ; soit une assurance en cas de vie, garantissant des capitaux de rentes viagères payables du vivant de l'assuré et servant à créer une provision pour ses vieux jours.

L'importance de cette combinaison est à retenir : Elle présente, en effet, le double avantage d'assurer, à la fois, le présent et l'avenir, et nous verrons, plus tard, que certaines grandes compagnies d'assurances l'ont introduite dans leurs rapports avec leurs employés.

d'institutions patronales dont l'importance mérite une mention spéciale.

Ainsi, et notamment, elle a ouvert des écoles dont l'entretien lui coûte annuellement plus de 3oo,ooo francs ; elle possède 2,628 maisons avec jardins et les loue à un prix qui ne représente que la moitié de la valeur locative réelle ; elle en a vendu, au prix de revient, 93 qui ont été payées au moyen de retenues mensuelles égales au prix de location ; elle a facilité à ses ouvriers le moyen d'en acheter ou construire d'autres et leur a fait dans ce but des avances qui se sont élevées à 1,5oo,ooo francs aujourd'hui remboursés, et a supporté de tous ces chefs, une perte d'intérêts qui a été pour 1888, de 223,8oo francs. Elle a ouvert une caisse d'épargne dont les dépôts, qui s'élevaient en 1888 à 515,ooo francs, reçoivent un intérêt de 3 %. Elle aide ses ouvriers à obtenir des pensions de la Caisse nationale de retraite pour la vieillesse et contribue à leurs versements par une subvention qui s'est élevée pour 1888 à la somme de 1o8,ooo francs.

Elle sert des pensions et assure des secours aux anciens employés et ouvriers, aux orphelins, aux invalides et aux veuves n'ayant pas droit à une pension.

Elle procure le chauffage gratuit, le service, également gratuit, des soins médicaux en cas de maladie et la distribution du pain à prix réduit aux époques de grande cherté, etc., etc.

En un mot elle pourvoit de ses deniers à toutes les allocations que peuvent nécessiter les besoins de son personnel et, pour apprécier la part contributive qu'elle s'attribue à cet effet, il suffira de dire que, pour l'année 1888, les dépenses qu'elle a dû faire pour pourvoir à tous ces besoins se sont élevées à plus de 1,500,000 francs.

3° *Compagnie des cristalleries de Baccarat.*

Le personnel de cette compagnie se compose de 2,000 ouvriers dont 500 femmes ; les institutions patronales qu'elle a adoptées sont à peu près les mêmes qu'à Saint-Gobain et à Anzin. Les sacrifices qu'elles imposent à la Société ont été pour 1888 de 100,000 francs sur 2 millions de salaires (soit 5 %). L'attachement de la population à l'usine est très remarquable. Il n'y a jamais eu de grève.

4° *Compagnie des houilles de Blanzy.*

Cette compagnie emploie 6,000 ouvriers ; comme les précédentes, elle ajoute à leur salaire fixe, tous les avantages particuliers résultant des fondations qu'elle a créées, tels que primes, gratifications, participation aux bénéfices, logements ouvriers, asiles, écoles, économats, sociétés coopératives, caisses d'assurances, de secours, de retraites, etc., etc. ; comme les précédentes elle s'impose, à tous ces titres, d'importants sacrifices, qui se sont élevés pour 1888 à plus de 1,100,000 francs et représentent exactement 50 °/₀ du dividende qu'elle distribue à ses actionnaires.

La situation matérielle est satisfaisante. Il n'y a pas de misères qui ne soient voulues ou méritées. L'épargne, l'aisance et le confortable sont assez développés ; la situation morale est également bonne. Les rapports entre patrons et ouvriers, sont, d'une façon générale, excellents ; ils sont souvent affectueux, et l'entente est aussi complète qu'elle peut l'être dans les conditions actuelles de la grande industrie.

5° *Société Schneider et Cⁱᵉ au Creuzot.*

Cette compagnie tient dans l'industrie française, au point de vue de l'importance de ses affaires et des sacrifices qu'elle s'impose en faveur de ses ouvriers, une place qui peut être assimilée à celle de la compagnie d'Anzin.

Comme celle-ci, elle utilise le travail de 12,000 ouvriers ; elle supporte tous les frais d'instruction de 4,606 enfants répartis dans les quatre écoles qu'elle entretient ; elle reçoit les dépôts de fonds de ses ouvriers, en sert l'intérêt à 4 et 5 °/₀, et leur fait des avances pour acquérir la propriété de leurs habitations. Elle a ouvert une caisse d'épargne et une caisse de prévoyance. Elle assure le service médical gratuit, accorde une indemnité aux ouvriers malades ou blessés, et assure à son personnel le bénéfice d'une retraite. Enfin elle a fondé un hôpital de 110 lits et une maison de retraite, et subventionne largement un bureau de bienfaisance.

En somme les dépenses occasionnées par ces différents services sont considérables. Pour l'année 1888, elles se sont élevées à 1,632,000 francs et représentent 10 °/₀ du salaire.

6° *Le Val des Bois.*

L'usine du Val des Bois qui comprend le peignage, la teinture et le filage de la laine, est située dans la charmante vallée de la Suippe, à une heure de Reims. Elle occupe 600 ouvriers répartis en 250 familles et a également créé en leur faveur un ensemble de fondations que je dois vous faire connaître.

Les ouvriers de cette usine sont logés par elle et à des prix extrêmement modérés, dans des maisons indépendantes avec jardins, groupées dans le voisinage de l'usine. L'enseignement élémentaire et professionnel est largement et gratuitement distribué. Une société de secours mutuels subventionnée par les patrons et alimentée par de minimes cotisations, donne un droit gratuit aux soins du médecin et aux médicaments. Les frais de sépulture sont payés par la société. En cas d'accident, le chômage qu'il entraîne donne lieu à une indemnité égale à la moitié du salaire. Une Société coopérative livre le pain et les étoffes aux sociétaires et les bénéfices qu'elle procure appartiennent pour 1/8 aux actionnaires et pour les 7/8 de surplus à tous les acheteurs.

Une caisse d'épargne, alimentée par des dépôts et par les bonis résultant des opérations coopératives, sert un intérêt de 5 % aux déposants ; une autre caisse, dite *Caisse scolaire*, reçoit les dépôts des enfants des écoles et des jeunes gens de l'usine, et le jour de leur mariage, les jeunes filles reçoivent de la Société une dot égale au montant de leurs livrets d'épargne. En cas d'insuffisance du salaire familial, un supplément de secours est fourni par une caisse, dite *Caisse de famille*, exclusivement subventionnée par les patrons, mais administrée par une commission ouvrière qui a l'absolue disposition des sommes à distribuer.

Enfin cet ensemble est complété et couronné par une création originale de la plus haute importance et qui donne leur caractère propre aux institutions patronales de l'usine. Il s'agit d'un syndicat mixte, entre les patrons d'une part, et les ouvriers de l'autre, que la société a fondé en 1885, sous la dénomination de *Corporation du Val de Bois*. Ce syndicat a pour objet l'étude et

la défense des intérêts économiques, industriels
et commerciaux, qui leur sont communs. Il est
administré par un conseil composé, en nombre
égal, de patrons et d'ouvriers. Les ressources de
la caisse coopérative se composent :

1° Des versements effectués par les sociétaires
à raison de o fr. 25 c. par famille et par mois ;

2° Des subventions des patrons ;

3° Et d'une portion des bénéfices réalisés au
moyen des institutions économiques, etc., etc.

Le patrimoine coopératif ainsi constitué, représente un bien commun amassé pour assurer la
perpétuité et l'indépendance de la corporation.
Le boni qu'il procure est inscrit sur le livret
coopératif de chaque ouvrier et est versé en son
nom à la caisse d'épargne de l'usine pour former
une réserve dont l'intérêt lui est servi au taux de
5 % par an et dont le capital peut lui être remis
dans les cas prévus par les statuts.

La société du Val des Bois est en pleine prospérité ; les institutions patronales qu'elle a fondées
fonctionnent avec un plein succès. Sa puissante
constitution lui a permis de traverser les périodes
troublées de 1848 et de 1870 sans interrompre un
seul jour ses travaux et d'assurer ainsi à son
personnel la permanence de son salaire. Aussi ce
personnel lui est-il toujours resté fidèle. Le fan-
tôme de la grève ne hante pas le cerveau de ses
ouvriers et leur attitude paisible et confiante

témoigne qu'ils se sentent satisfaits de leur condition.

En résumé, et, grâce aux fondations qu'elle a créées ; grâce à une excellente organisation de l'éducation morale et chrétienne qui inculque aux enfants l'idée du devoir, la société du Val des Bois semble avoir résolu le problème qui nous occupe, celui de la bonne harmonie et de l'union entre patrons et ouvriers. — C'est à ce titre que j'ai cru devoir le signaler à votre attention.

Cet exemple, d'ailleurs, nous amène, par une transition naturelle, au cœur même de notre sujet. Jusqu'à présent, nous nous sommes occupés des ouvriers et des tentatives qu'ils ont faites pour se constituer en associations indépendantes des patrons et nous avons indiqué les raisons qui peuvent faire douter du succès de ces entreprises ; nous avons ensuite passé en revue l'ensemble des fondations créées en faveur des ouvriers et s'il nous a été donné de constater, dans certains cas, des résultats satisfaisants, nous avons dû cependant faire des réserves en raison du caractère de précarité que présentent ces institutions et reconnaître qu'elles ne résolvent qu'imparfaitement la question du rapprochement des ouvriers et des patrons. Il nous reste donc à serrer de plus près le problème et à exposer ce qui a été fait pour établir entre eux un régime de solidarité d'où puisse sortir leur union. Nous avons déjà fait pressentir que cette solution nous croyons la ren-

contrer dahs l'application du système de la participation aux bénéfices.

CHAPITRE QUATRIÈME.

DE LA PARTICIPATION AUX BÉNÉFICES

DU PATRON.

La participation aux bénéfices, dit M. Charles
Robert, rapporteur du jury de 1889, est une libre
convention, expresse ou tacite, par laquelle un
patron, industriel, commerçant ou agriculteur,
individu ou société quelconque, commerciale ou
coopérative, donne à son ouvrier, à son employé,
en sus de son salaire normal, une part dans les
bénéfices, sans participation aux pertes.

La participation n'est donc pas une simple libéralité ; elle fait l'objet d'un contrat et ne se rattache
en aucun cas, à une idée de charité, de pure géné-
rosité ou d'aumône, mais à l'exécution du travail.
Un congrès international de la participation ouvert à Paris à l'occasion de l'exposition de 1889,
déclare, dans une de ses résolutions, « qu'en
« règle générale, la participation aux bénéfices est
« hautement préférable, à toute autre combinaison
« d'attribution de gain supplémentaire, » et il
ajoute : « Que, si le système des primes ou sursa-

« laires n'a pas, au point de vue des rapports du
« capital et du travail la même influence morale
« que la participation, il peut constituer un pre-
« mier acheminement vers ce dernier régime, lui
« ouvrir la voie, y préparer les esprits et faciliter
« son acclimatation dans les classes ouvrières. »

La participation serait donc comme un traité
de paix par lequel le travail promettrait au capital, en échange d'une part de bénéfices, un concours fidèle et zélé. Ce concours substitué à une
simple prestation de travail mercenaire, devien-
drait une source de sécurité et de prospérité ; un
apport de bonne volonté ; un élément de discipline ; une cause d'économie de production ; une
garantie contre les grèves (1).

Ici se dresse une objection ; ce nouvel état de
choses les ferait-il disparaître? et les ouvriers ne
seraient-ils plus tentés d'y recourir pour accroître
le produit de leur participation? Il serait, à coup
sûr, téméraire de compter sur un pareil résultat,
mais il est permis de l'espérer, si la participation
convenablement réglée a eu le temps de produire
l'influence qu'elle exerce habituellement dans
l'intérêt commun.

La participation est une idée française : Fondée
en 1842, par M. Leclaire, entrepreneur de peinture en bâtiment, à Paris, elle a été successivement
adoptée par un certain nombre d'établissements.

(1) Rapport du Jury.

Le mouvement est d'abord assez lent ; de 1842 à 1871, on ne compte en France que 22 sociétés dans lesquelles la participation est introduite dans les statuts ; en 1889 ce chiffre s'élève à 90.

A l'étranger, le développement est encore moins accentué. En 1889, l'Angleterre ne compte que 64 établissements à participation ; les Etats-Unis 35 ; l'Allemagne même n'en offre aucune application, et ce résultat s'explique assez naturellement, si l'on observe la constitution sociale de cette nation dans laquelle la séparation entre patrons et ouvriers est aussi profonde qu'est puissante l'organisation de ses groupes socialistes.

D'où vient donc que cette institution qui semble renfermer tant de promesses ne se propage pas plus rapidement ? On peut en fournir plusieurs raisons :

1° L'absence de bénéfices ;

2° Un défaut de confiance dans la régularité de la comptabilité ;

3° L'inertie d'un grand nombre de patrons :

4° La crainte de livrer le secret de leurs affaires à leurs ouvriers et d'en perdre la direction ;

5° L'opposition des comités et syndicats qui prétendent dominer les ouvriers ;

6° Enfin le défaut d'instruction de ces derniers.

Et c'est pour remédier à ce dernier obstacle que le congrès de 1889 a adopté la résolution suivante :

« Le sentiment de la dignité personnelle ainsi

« que l'élévation intellectuelle et morale de l'ou-
« vrier étant le meilleur auxiliaire pour établir
« l'harmonie entre le capital et le travail, il y a
« lieu d'engager les chefs d'industrie à consacrer
« une partie de leurs bénéfices à des œuvres
« d'instruction et d'éducation. »

Ces données générales établies, le moment est
venu d'examiner les divers modes d'application
adoptés par quelques grands établissements et de
noter les variations que certains d'entre eux ont
introduites dans leurs rapports avec leurs ouvriers.

Parmi ces établissements, il en est un certain
nombre qui ont réuni dans leur organisation, tout
à la fois, le régime de la participation, le régime
coopératif et le système des institutions patronales ; et l'on voudra bien se rappeler que quand
nous avons parlé des sociétés coopératives, nous
avons renvoyé à cette partie de notre travail
l'examen de ces établissements, afin de les étudier
dans leur ensemble et avec tous leurs caractères.

1° *Maison Leclaire et Cie*.

A tout seigneur tout honneur, et il est de toute
justice de placer en tête de cette série la maison
Leclaire et Cie, de Paris, aujourd'hui *Société
Redouly et Cie*. Cette maison, en effet, fondée en
1842, est la première en date ; Elle a servi de
modèle à beaucoup d'autres sociétés et ses institutions sont remarquables à plus d'un titre.

L'histoire de M. Leclaire serait des plus intéressantes et j'aurais grand plaisir à vous la retracer. Déjà, en 1869, la carrière exceptionnelle de cet homme éminent m'avait frappé, et j'en avais préparé sous le titre de *Biographie d'un homme utile*, une étude que je me proposais de publier, lorsque, sur la communication préalable que je lui en avais faite, M. Leclaire me pria d'ajourner mon projet qui blessait sa modestie. Je dus m'incliner devant un scrupule aussi honorable qu'eccessif; aujourd'hui M. Leclaire est mort et je n'aurais plus les mêmes raisons de m'abstenir, mais je ne veux pas abuser trop longtemps de votre bienveillante attention, et si je me décide à mettre au jour quelques extraits de cette biographie, ce sera comme appendice au présent travail.

Je laisse donc de côté les précédents historiques de la maison Leclaire et j'aborde immédiatement l'examen de sa situation actuelle.

L'entreprise Redouty et Cie, qui comprend tous les travaux de peinture en bâtiments, a son siège à Paris, rue Saint-Georges, 11 ; c'est une société en commandite, association coopérative avec trois gérants élus, associés en nom collectif, et un commanditaire unique qui n'est autre que la *Société de Prévoyance et de Secours mutuels* des ouvriers et employés de la maison.

La Société Redouty et Cie se distingue des autres établissements à participation par des institutions d'un caractère absolument original, dues à l'initiative de M. Leclaire et qui remplissent un rôle fondamental dans son organisation.

Ces institutions sont les suivantes :

1° *Le Noyau* ;

2° *Les attributions de la Société de Prévoyance* dont il vient d'être parlé ;

3° *Le mode de participation des ouvriers aux bénéfices.*

Noyau.

Le Noyau est une innovation de la plus haute portée dont on ne rencontre l'équivalent, du moins avec l'extension que lui donne M. Leclaire, dans aucun de nos établissements industriels. C'est la réunion, en assemblée, investie des pouvoirs les plus étendus, d'un certain nombre d'employés et ouvriers, d'une conduite et d'une moralité irréprochables, connaissant à fond leur métier et dont les gérants ont apprécié les services.

Les conditions d'admission au *Noyau* sont les suivantes : être âgé de 25 ans au moins et de 40 ans au plus, être nommé par l'assemblée générale. Les membres du *Noyau* forment les cadres de l'armée industrielle ; c'est à eux qu'appartient le droit de pourvoir au choix des employés à tous les degrés, contremaîtres, sous-directeurs, directeurs et même d'élire les gérants de la maison.

Ils nomment en outre chaque année, au nombre de 8, les membres d'un comité de conciliation composé de 5 ouvriers, 3 employés et d'un gérant, président de droit. Ce comité est chargé de juger les ouvriers et les employés du *Noyau* qui, pendant le travail, s'écarteraient de leurs devoirs. Il a également la mission d'examiner les demandes d'admission ; il propose les candidats à l'assemblée générale et il a seul le droit de prononcer le renvoi d'un membre élu.

Cette institution est des plus remarquables et je me reprocherais de ne pas insister un instant pour faire ressortir son importance ainsi que l'influence heureuse qu'elle exerce sur l'esprit de l'ouvrier. Le *Noyau* est une véritable élite ; pour être admis à en faire partie, il est nécessaire et il suffit de remplir les conditions exigées au triple point de vue de la probité, de la moralité et de l'accomplissement des devoirs professionnels ; en un mot, il suffit d'être honnête homme.

Mais ces conditions remplies, non seulement les ouvriers n'ont à craindre ni pression, ni abus d'autorité, mais encore ils acquièrent les droits importants attribués à l'assemblée générale du *Noyau* et au comité de conciliation qui le représente. Il y a plus encore, et cette dernière observation mérite d'être retenue, la part active que les membres du *Noyau* prennent aux opérations de ce comité, dans lequel ils sont appelés à faire acte d'indépendance, engagent leur responsabilité et s'habituent à gérer eux-mêmes leurs plus chers intérêts et ceux de leurs camarades, les prépare très utilement à l'exercice de leurs droits politiques et à l'accomplissement de leurs devoirs sociaux.

Société de Prévoyance et de Secours mutuels.

Cette institution se rencontre bien dans un certain nombre d'établissements industriels, mais ce qui caractérise la création de M. Leclaire, c'est le rôle nouveau qu'il lui assigne et qui en fait la pierre angulaire sur laquelle repose l'édifice de la participation.

Dans le plus grand nombre des établissements, la Société de Prévoyance et de Secours mutuels est constituée entre les ouvriers ; elle s'alimente au moyen de leurs cotisations et souvent reçoit en outre une subvention des patrons ; son but principal est de fournir des secours aux ouvriers dans le besoin et des pensions à l'époque de leur retraite ; mais elle ne fait pas partie de la société industrielle dont elle n'est qu'une annexe et demeure complètement étrangère aux succès de l'entreprise. M. Leclaire, lui, l'introduit directement dans sa société, en fait un commanditaire de sa maison et, par ses statuts, attribue à cette commandite une part importante de ses bénéfices. On pourra, tout-à-l'heure, par les chiffres qui seront cités, apprécier la portée considérable de cette innovation et les facilités qu'elle procure pour le service des pensions de retraite qui atteignent grâce à elle, dans la société, des proportions inconnues dans les autres compagnies.

Mode de participation aux bénéfices.

Après avoir apporté au système par lui adopté en 1842, des modifications qui en ont considérablement étendu l'application, M. Leclaire a définitivement établi sur les bases suivantes le mode de participation de ses collaborateurs aux bénéfices de sa maison.

Avant tout partage de ces bénéfices, 10 % sont prélevés pour former ou compléter un fonds de réserve de 200,000 francs.

Le surplus est réparti ainsi qu'il suit :

25 % sont attribués à la *Société de Prévoyance et de Secours mutuels* dont il vient d'être parlé ;

25 % sont attribués à la gérance ;

Et les 50 % de surplus à *la participation.*

Les conditions dans lesquelles s'effectue la distribution de ces derniers 50 % sont particulièrement intéressantes : il est fait masse des heures de travail effectivement fournies dans l'année par chaque ouvrier, membre de la société de secours et du *Noyau*, apprenti et auxiliaire, ainsi que de tous les traitements d'employés de la maison. Le chiffre représentant les 50 % attribués à la participation est divisé par la somme des salaires et des traitements ; le résultat de cette division est multiplié par le chiffre du salaire ou du traitement que chaque participant a reçu dans l'année, et le produit de cette multiplication indique la part de bénéfices à laquelle il a droit.

Nota. — Un exemple emprunté à la gestion de l'année 1890 et choisi dans une condition moyenne, donnera une idée du profit supplémentaire que peut fournir l'application de cette méthode : Un ouvrier qui a travaillé 2,000 heures à raison de 0,80^c l'une, touche à titre de participation et en dehors de son salaire une somme de 336 francs.

Ces caractères principaux des institutions de la maison Leclaire une fois établis, il ne nous reste plus qu'à indiquer, en quelques chiffres, l'importance des opérations de la maison et les résultats qui en découlent pour ses ouvriers.

Quelques mots d'abord sur sa constitution :

A partir de 1891, son capital social est fixé à 800,000 francs. Il est fourni, jusqu'à concurrence de la moitié par la gérance, et pour l'autre moitié par la société de prévoyance.

Les 25 % de bénéfices attribués à cette dernière se sont élevés, pour l'année 1890, à 114,000 francs.

Pendant la même année, la Société a dépensé en indemnités, journées de maladie, médicaments, visites de médecins, frais funéraires, pensions, capitaux et primes d'assurances, etc., etc., une somme totale de 88,633 francs, dans laquelle les pensions figurent pour 65,407 francs.

Telle était la situation de la maison en 1890, époque à laquelle elle employait près de 1,000 ouvriers. Depuis cette époque le chiffre des pensions s'est considérablement accru et il résulte des renseignements qui m'ont été fournis par la gérance, que, pour 1894, l'état des pensions servies par la Société comprend 88 sociétaires retraités touchant ensemble 111,640 francs ; que le chiffre de la pension de 62 d'entre eux atteint 1500 francs ; que 5 auxiliaires retraités touchent 4,500 francs et que 13 veuves reçoivent ensemble un secours annuel de 5,400 francs.

2° *Société du Familistère de Guise.*

L'ancienne maison Godin, bien connue dans le département sous le nom de *Familistère de Guise*, offre également un remarquable spécimen d'organisation sociale établie sur la base d'une large association réunissant les intérêts des ouvriers et ceux des patrons dans un lien commun. Elle se distingue même par une particularité qui place l'établissement de M. Godin dans des conditions véritablement exceptionnelles.

Chez M. Leclaire, les ouvriers font bien partie de la société, mais indirectement et par l'intermédiaire de la commandite de la Société de

Prévoyance ; à Guise, ainsi que vous le verrez, ils sont directement et personnellement associés à l'entreprise et placés sur le même pied que les gérants, au même titre, avec des droits égaux garantis par les mêmes statuts.

Le fondateur de l'établissement de Guise est notre compatriote.

L'histoire de sa vie est instructive ; son œuvre économique sans précédent et, à ce double titre, vous me permettrez d'étudier avec quelques développements les institutions qu'il a créées.

M. Godin est né à Esquehéries en 1817 ; fils d'un artisan, il reçut l'éducation des fils d'artisans du début de ce siècle ; de 11 à 17 ans, il aide ses parents dans leurs travaux puis il entreprend son tour de France. En 1840, il installe à Esquehéries un petit atelier d'appareils de chauffage avec un ou deux hommes de peine, et débute par une heureuse innovation, en substituant la fonte à la tôle dans la fabrication de ces appareils. L'atelier développe ses opérations et son personnel ; en 1848 il emploie trente ouvriers et M. Godin le tranfère à Guise où il ne tardera pas à prendre une extension considérable.

M Godin a tenu une grande place dans notre département qu'il a représenté pendant quelques années dans nos assemblées législatives ; mais son rôle politique ne nous appartient pas et sa carrière industrielle a été assez féconde pour justifier la notoriété qui s'est attachée à son nom.

M. Godin était essentiellement et avant tout un philanthrope, teinté de notions philosophiques qui sont bien à lui. Pendant toute son existence, sa pensée ne s'est pas détachée de l'étude des améliorations pratiques à introduire dans l'organisation du travail pour en faire bénéficier ses ouvriers. Sa nature généreuse et ses aspirations vers l'idéal l'entraînèrent un moment dans le courant des théories socialistes auxquelles les Fourrier, les Saint-Simon, les Cadet, etc., ont attaché leur nom. L'aventure du *Texas* lui apparut comme un rêve enchanteur et il prit une part importante (la moitié de son patrimoine) à une souscription ouverte en 1852 pour fonder une colonie sociétaire dans cette partie de l'Amérique. On se rappelle l'échec retentissant de cette curieuse tentative, et M. Godin en donne les raisons dans son livre publié alors sous le titre de : *Solutions sociales.*

Assagi par cet insuccès, M. Godin songea à limiter à son usine l'application des réformes dont il persévérait à poursuivre l'étude, et en 1859, il commença la construction du Familistère de Guise. Il serait trop long et il n'entre pas dans mon dessein de faire passer vous vos yeux les nombreuses phases par lesquelles a passé l'organisation de cet établissement, ni de décrire le curieux palais qu'il lui a donné comme cadre ; ce qu'il y a à retenir, c'est qu'après une expérience de vingt années, au cours desquelles la prospérité du familistère n'a cessé de s'affirmer, M. Godin formulait, en un acte régulier, les statuts d'une Société qui existait déjà en fait, et qu'à sa mort, survenue en 1888, il couronnait son œuvre en léguant à l'association du Familistère la part de sa fortune dont la loi lui laissait la libre disposition.

Tel est, à grands traits, l'historique de la fondation de ce grand établissement, et, dès à présent, il est permis d'augurer l'importance de la résolution suprême de M. Godin : grâce au legs qu'il leur fait, les travailleurs de l'association entrent en pleine possession collective de leurs instruments de travail, non seulement du matériel de l'usine, mais encore des bâtiments d'exploitation et d'habitation de la Société.

Il y a là un fait capital dont l'histoire de l'industrie ne présente pas d'exemple. Les anciens ouvriers du familistère de Guise ne sont plus seulement des travailleurs admis au partage des bénéfices, ce sont maintenant des co-propriétaires-associés de l'établissement et l'on ne saurait rendre un trop complet hommage à la généreuse conception de M. Godin qui, après avoir créé une usine importante, après l'avoir dotée des institutions qui lui paraissaient les plus propres à améliorer la condition de ses collaborateurs, met le dernier sceau à l'œuvre de sa vie en leur abandonnant la propriété même de l'établissement qu'il avait amené au plus haut degré de prospérité.

Et ce qui rehausse encore le prix de cette
libéralité, c'est la pensée qui l'a inspirée. M. Godin,
convaincu que son institution était bonne en
elle-même ; qu'elle était favorable à ses ouvriers ;
fortifié dans ce sentiment par la persévérance du
succès qui lui restait attaché, a voulu, par un
acte suprême de sa volonté, en perpétuer l'existence et assurer, après lui, à ses collaborateurs,
la continuation des avantages qu'il leur avait
procurés pendant sa vie ; en un mot et pour ma
part, si j'avais à résumer d'un mot la carrière
industrielle de M. Godin, je n'hésiterais pas à
affirmer qu'elle a été, du commencement à la fin,
dirigée en vue d'une double satisfaction : celle
du philosophe qui a voulu démontrer l'excellence
de sa formule économique, et celle du philanthrope qui a réalisé au profit de ses ouvriers les
améliorations qui avaient été le rêve de toute
sa vie (1).

(1) A l'appui de cette appréciation, et pour mettre en pleine
lumière les idées fondamentales qui ont guidé M. Godin dans
les dernières dispositions qu'il a prises, je ne puis mieux faire
que reproduire ici quelques extraits de son testament :

« L'association du capital et du travail est l'œuvre à laquelle
« j'ai voué ma vie..... En fondant l'association dans mon
« établissement, j'ai voulu donner à mon industrie des garan-
« ties de durée et d'avenir, et assurer à la population impor-
« tante qui y est attachée le travail qui la fait vivre. J'ai
« voulu qu'à ma mort, mes établissements restâssent cons-
« titués sous des règles capables de leur perpétuer une bonne
« administration et une bonne direction, et fussent à l'abri des

Si les développements dans lesquels je viens d'entrer ont pu, comme je l'espère, vous éclairer sur le caractère essentiel de la fondation de M. Godin, je serai bref dans l'exposé de son fonctionnement et vous éviterai des détails techniques qui seraient de moindre importance et auraient l'inconvénient d'étendre outre mesure les limites de cette étude, et il me suffira de vous exposer sommairement l'état actuel de la Société, sa constitution, les principaux rouages de son organisation intérieure et les avantages matériels et moraux que cette institution a procurés aux ouvriers.

« vicissitudes et des perturbations que les partages et les « directions insuffisantes apportent dans l'industrie.

« Ma fortune comprend une part importante qui aurait « appartenu au concours du travail si les circonstances « m'avaient permis d'appliquer plus tôt la règle de répartition « qui régit la Société du Familistère ; si j'ai accompli, en vue « de l'avenir, ce que me commandaient la reconnaissance et la « justice envers mes collaborateurs, il me reste à faire pour « le passé ce qu'elles me commandent non moins impérieu- « sement. Je ne puis remplir ce devoir au profit individuel « de mes anciens collaborateurs dont beaucoup ont disparu « et je n'ai d'autre moyen d'y satisfaire que de recourir à « des dispositions testamentaires en léguant à la Société du « Familistère la part de mes biens dont je puis disposer.

« Je déclare solennellement que je fais, de la durée statu- « taire de cette Société, la condition essentielle du legs dont « je la gratifie, et considère toute dissolution anticipée comme « enfreignant cette condition et emportant révocation du « legs auquel je l'attache. Etc., etc. »

Constitution.

L'association entre travailleurs et capitalistes fondée par M. Godin, est aujourd'hui constituée sous le titre de *Société du Familistère de Guise*, association coopérative du capital et du travail et sous la raison sociale Godin et Cie.

La Société est en commandite simple. Elle a pour objet :

L'exploitation locative des immeubles composant le Familistère de Guise, et de l'usine de Laeken (Belgique).

L'exploitation commerciale de ses usines et fonderies, de ses magasins et débits.

Cette exploitation comprend la fabrication d'appareils de chauffage, calorifères, poëles, ustensiles de cuisine, articles d'éclairage et d'ameublement, objets de quincaillerie, etc., etc.

L'association a pour but d'organiser la société entre ses membres au moyen de la participation du capital et du travail dans les bénéfices.

Son personnel au 3o juin 1895 se composait de 2105 membres actifs, propriétaires de parts d'épargne et auxiliaires.

Son capital de fondation, au 13 août 1880, date de la signature de l'acte social, était composé de la manière suivante :

1° Familistère de Guise, bâtiment, matériel et marchandises . . . .   1.067.055 fr.

A reporter . .   1.067.055 fr.

Report. . . .   1.067.055 fr.

2° Usine de Guise, matériel, marchandises, fonds de roule-
ment . . . .   3.031.306 »

3° Usine de Laeken, terrain, bâtiments, matériel, etc., etc. .   501.639 »

Soit ensemble. . .   4.600.000 »

Depuis lors ce capital s'est accru considérablement.

L'inventaire du 30 juin 1888 le porte à . . . .   8.628.000 fr.

Celui du 30 juin 1895 à . . .   14.107.000 fr.

Dans le bilan qui clôt cet inventaire on remarque que le capital social est constitué ainsi qu'il suit :

1° Épargnes aux membres de l'association . . . .   3.307.707 fr.

2° Épargnes de l'assurance. .   880.418 fr.

3° Épargnes de la société . .   411.875 fr.

Total égal . . .   4.600.000 fr.

Pour bien comprendre le mode de formation de ce capital il faut revenir sur l'idée fondamentale dont M. Godin avait déposé le germe dans l'acte constitutif du 13 août 1880.

M. Godin a toujours eu en vue de faire passer la propriété de son établissement sur la tête de ses ouvriers ; à cette fin, il créa des certificats d'épargne dont ses collaborateurs puisaient exclusivement les ressources dans les bénéfices produits par l'association, et ces certificats étaient ensuite, au fur et à mesure de leur accroissement, convertis en livrets individuels, donnant droit à des titres « d'apports sociaux ». De cette façon, la portion du capital de fondation appartenant aux ouvriers s'augmentait chaque année de l'importance des bénéfices leur revenant et l'on voit, par le bilan de 1895, que le fonds social, alors exclusivement constitué par l'épargne, se trouvait tout entier dans les mains des travailleurs, ce qui permettait au président, dans son rapport à l'assemblée générale du 6 octobre 1895 de tenir le langage suivant :

« Nous sommes donc entrés maintenant, mes
« amis, dans l'exercice régulier du rembourse-
« ment des épargnes. Il y a lieu d'être satisfait de
« ce résultat : après 15 années d'existence de
« notre association, sous l'administration de son
« regretté fondateur et sous celle de son succes-
« seur nous avons remboursé les 4,600,000 francs
« de titres d'apports du fondateur, qui sont main-
« tenant transformés en titres d'épargnes entre
« les mains des travailleurs, etc., etc. »

Organisation.

La société est administrée par un gérant nommé par l'assemblée générale et assisté d'un conseil de gérance ; après le décès de M. Godin, la gérance

a été dévolue à sa veuve à laquelle a succédé le
1er juillet 1888, M. Duquenne actuellement encore
en fonctions. Ses attributions sont de même nature
que celles qui appartiennent généralement aux
administrateurs de sociétés commerciales. Ses
appointements annuels sont de 15,000 francs ; il
lui est de plus alloué 4 %, dans les bénéfices,
indépendamment de la part qui lui revient à titre
d'associé.

Les membres de l'association forment 4 caté-
gories :

1° Les associés ;
2° Les sociétaires ;
3° Les participants ;
4° Et les intéressés.

Voici les caractères principaux qui les distinguent :

1° Les associés composent seuls l'assemblée
générale ; ils doivent participer, depuis cinq ans
au moins aux travaux et opérations de la société ;
posséder une part du fonds social d'au moins
5,000 francs, et être admis par l'assemblée générale ;

2° Les sociétaires doivent être également admis
par cette assemblée et en outre par le conseil de
gérance et l'administrateur-gérant ; ils ne sont
tenus qu'à trois ans de service et pour eux la
condition de posséder une part du fonds social
n'est pas obligatoire ;

3° Les participants doivent travailler au service de l'association depuis un an au moins ; ils doivent être admis comme les sociétaires et peuvent ou non posséder une part du capital social. L'expulsion d'un associé ne peut être prononcée qu'à la majorité des 2/3 du conseil de gérance, la simple majorité suffit pour les sociétaires et les participants.

4° Les intéressés sont les membres de l'association, étrangers au service de l'exploitation qui possèdent par héritage, achat ou autrement, des parts du fonds social. Ils touchent les parts d'intérêt et dividendes dus au capital et n'ont aucun droit d'immixtion dans les conseils et les affaires.

Bénéfices.

Sur les bénéfices annuels il est d'abord fait un prélèvement pour l'amortissement des immeubles et pour fournir des ressources au service des pensions, aux diverses assurances, aux frais d'instruction et d'éducation, au paiement des intérêts dus aux possesseurs des apports et des épargnes, etc., etc. ; ce qui reste constitue le bénéfice net. Il est appliqué ainsi qu'il suit :

25 °/₀ au fonds de réserve et quand celui-ci est complet à la répartition ;

50 °/₀ au capital et au travail.

Nota. — Dans cette attribution, la part du travail est représentée par le total des appointements et salaires, et la part du capital par le total des apports et des épargnes, et les 50 % sont répartis au marc le franc entre ces deux éléments producteurs.

Enfin les 25 % de surplus sont attribués aux capacités, répartis et partagés sous la forme de titres, certificats d'épargne, etc., entre l'administrateur-gérant, le conseil de gérance, le conseil de surveillance et sont indépendants de ce qui peut leur revenir à d'autres titres.

Les chiffres suivants empruntés à l'inventaire du 30 juin 1895, permettront de faire apprécier, dans leur ensemble, les résultats effectifs que donne cet appareil compliqué.

L'assurance des retraites et pensions et le service du nécessaire à la subsistance des familles dans le besoin, possédaient à cette époque un capital de. . . . . 1,173,392 fr.

Les dépenses afférentes à ce service se sont élevées à. . . . . 108,116 fr.

L'assurance mutuelle contre la maladie, les subventions aux vieillards, les frais d'instruction et d'éducation avaient coûté . . . 217.173 fr.

Le chiffre des affaires industrielles et commerciales s'est élevé à . . . . . . 5,166,885 fr.

Les bénéfices qui étaient de. . 782.455 fr. ont été, à la suite de la déduction des charges sociales énumérées

D'autre part. .	782,455 fr.
plus haut, formant ensemble un total de	264,855 fr.
ramenés à un chiffre net de . .	517,600 fr.

qui ont été répartis conformément aux statuts.

Le prorata des 25 °/₀ de bénéfices attribués au capital et au travail représente un taux de revenu qui est : pour le capital social de 5,32 et pour le travail de 6,65, et il faut répéter que ce produit est un supplément et s'ajoute aux allocations auxquelles ont droit les membres de l'association, soit à titre de salaires et d'appointements, soit à titre de part revenant aux capacités, soit enfin à titre d'intérêts aux fonds d'apport et d'épargne.

Tel est le tableau des institutions qui fonctionnent actuellement dans l'établissement de M. Godin et qui se résument dans ce caractère : que la propriété tout entière est dans les mains des ouvriers et que leurs droits et intérêts sont réglés et assurés par les mêmes statuts que les droits et intérêts des gérants : il n'y a plus à Guise ni ouvriers ni patrons, il n'y a plus que des associés égaux entre eux.

3° *Maison du Bon Marché de Paris.*

L'établissement commercial connu sous le nom de *Bon Marché*, situé à Paris, rue de Sèvres, présente avec le familistère de Guise, certaines analogies qui méritent d'être notées : il a eu les mêmes débuts modestes ; son fondateur, M. Aristide Boucicaut, comme M. Godin, a commencé par être un simple employé. Sa maison comme celle de M. Godin, a passé par les mêmes phases de développement avant d'arriver à la forme définitive qu'elle revêt aujourd'hui ; et si ces deux entreprises sont d'importance inégale, toutes deux se rapprochent dans un égal sentiment de sollicitude pour les intérêts des collaborateurs qu'elles se sont attachés.

La maison patronale fondée par M. Aristide Boucicaut offre aujourd'hui les caractères essentiels d'une association coopérative ; elle est constituée sous la forme d'une société en commandite par actions et la raison sociale *Plassard-Morin-Fillot et C*ie ; son capital social est de 20 millions de francs. Ce capital est divisé en 400 actions de 50,000 francs, subdivisées elles-mêmes en 8 coupures de 6,250 francs, soit 3,200 parts qui ont été successivement réparties entre un grand nombre d'employés de la maison. Au moment de l'exposition de 1889, le capital social était augmenté d'une réserve de près de 42 millions et la valeur nominale de l'action de 50,000 francs dépassait 100,000 francs.

La société est administrée par trois gérants et l'apport social de chacun d'eux, inaliénable et affecté à la garantie de sa gestion, est fixé à 200,000 francs.

Le personnel de la maison en 1888 était de 3,105 employés, intéressés, etc., et comprenait en outre plus de 15,000 ouvrières occupées en province à la préparation des objets que la société fait confectionner.

Parti de 450,000 francs en 1853, le chiffre des affaires de la maison atteignait en 1863, 7 millions; en 1869, 20 millions ; en 1877, 82 millions, et dépasse 100 millions depuis plusieurs années.

Dès qu'il put entrevoir, dans ses premiers succès, la perspective de l'extension que l'avenir réservait à sa création, M. Boucicaut, obéissant aux sentiments philanthropiques, qui, à peu près à la même époque, animaient le fondateur du familistère de Guise, songea à introduire dans son établissement, une série d'institutions de nature à améliorer le sort et à assurer l'avenir de ses employés ; c'est ainsi que, le 31 juillet 1876, il créa au profit de ses employés non intéressés dans les bénéfices, mais comptant 5 années au moins de service dans sa maison, une caisse de *Prévoyance* à laquelle son nom est demeuré attaché et dont il déterminait le but dans la déclaration suivante :

« En instituant la présente caisse de Prévoyance
« nous avons voulu assurer à chacun de nos em-
« ployés la sécurité d'un petit capital qu'il puisse
« retrouver au jour de la vieillesse ou qui, en cas
« de décès, puisse profiter aux siens; nous avons

« voulu en outre leur montrer, d'une manière
« effective, qu'elle est l'étroite solidarité qui doit
« les lier à la maison, etc. »

La « Caisse de Prévoyance Boucicaut » est alimentée exclusivement par les sommes que la
maison prélève annuellement sur les bénéfices
réalisés, et qui sont répartis entre les participants
au prorata de leurs appointements. Voici quelle
était au 31 juillet 1895 la situation de cette caisse ;
la part de bénéfices afférents à l'année écoulée à
été de 200,000 francs ; elle possédait un capital
de 2,286,215 francs et le nombre de ses participants était de 2,236. Les sommes distribuées à
ces derniers, depuis la fondation de la caisse,
représentaient un total de 947,347 francs 40.

A la mort de M. Boucicaut, survenue en 1877,
sa veuve demeura seule propriétaire du *Bon
Marché*. Elle pouvait se retirer avec une grande
fortune et jouir, au sein de l'opulence, d'un repos
bien gagné ; elle n'eut, au contraire, d'autre idée
que de continuer l'œuvre de son mari et d'assurer
la conservation de l'établissement qu'ils avaient
créé ensemble. Le 14 janvier 1880, elle constitue
la Société en commandite dont nous avons parlé et
sur les 20 millions que représente le capital social,
elle souscrit pour son compte 12,500,000 francs,
en admettant 96 de ses employés à souscrire les
7,500,000 francs de surplus. Dès ce moment son
intention était de se défaire au profit de ses

employés des parts qu'elle avait souscrites et c'est pour leur rendre l'association plus accessible, qu'elle divise le fonds social en 3,200 parts de 6,250 francs chacune qui devaient devenir successivement la propriété d'un grand nombre d'employés.

A cet effet elle institua, à côté de la Société commerciale du *Bon Marché*, une *Société civile* à laquelle elle concéda le droit exclusif d'acquérir les parts de la Société commerciale qu'elle même se trouverait encore posséder au moment de son décès. Dans sa pensée, cette Société civile devait être une sorte d'être moral créé pour assurer la perpétuité de l'entreprise et l'empêcher d'être dénaturée ou de passer en des mains étrangères.

En même temps que cette Société civile, Mme Boucicaut instituait, le 4 août 1886, une *Caisse de retraites* en faveur de ceux des employés du *Bon Marché* qui, n'étant pas intéressés dans les bénéfices de la maison, ne reçoivent que des appointements, et elle dotait cette Caisse d'une somme de 4 millions pris sur sa fortune personnelle. Cette Caisse fonctionne sans aucune retenue sur les appointements.

Le capital constitué par les libéralités de Mme Boucicaut, s'élevait au 31 juillet 1895 à 6,276,256 francs. Le nombre des employés retraités était à cette époque de 180 qui touchaient ensemble 108,000 francs. Le minimum des pensions servies est de 600 francs, le maximum de 1,500 francs ; la pension est acquise par 20 années de services ; elle n'est servie aux femmes qu'à l'âge de 45 ans et aux hommes qu'à 50 ans. Le Conseil qui administre cette Caisse est composé des Gérants de la maison et de 6 Membres choisis annuellement parmi le personnel et désignés par l'Assemblée générale, etc.

Si l'on étudie le mobile qui a inspiré Mme Boucicaut, dans l'organisation de sa maison, on rencontre, à côté d'une pensée d'humanité et de justice, une conception nouvelle des rapports à établir entre le capital et le travail. Grâce aux institutions libérales dont elle a doté le *Bon Marché*, non seulement les employés qui ne peuvent prétendre à des emplois supérieurs, trouvent dans la *Prévoyance Boucicaut* et dans la *Caisse des retraites* un large élément de sécurité pour le présent et pour l'avenir ; mais les règles de la maison offrent à ceux qui ont le désir et la capacité de bien faire, la perspective d'un avancement assuré et leur ouvrent l'accès d'une association qui peut les conduire à la fortune.

Il y a là une expérience sociale de la plus haute importance et les résultats qu'elle a donnés au *Bon Marché* viennent heureusement confirmer les espérances qu'il est permis de baser, au point de vue du rapprochement entre ouvriers et patrons, sur l'application sagement ordonnée du système de la participation.

Enfin il est impossible de quitter Mme Boucicaut sans dire un mot des dispositions testamentaires par lesquelles elle a couronné sa bienfaisante carrière et sans rappeler, qu'indépendamment des legs qu'elle faisait à ses employés et dont l'exécution exigea une somme de 16 millions, elle a consacré une somme presque égale à des œuvres de bienfaisance considérables, telles que hospices, maisons de refuge en faveur des jeunes ouvrières, maisons de retraite, etc., etc., etc. ; et à des subventions importantes au profit de fondations déjà établies, telles que hospices de vieillards, maisons de jeunes ouvriers, bureaux de bienfaisance, associations diverses, institut Pasteur, cultes, etc., etc.

Telle est l'histoire de la maison du *Bon Marché ;* il nous reste à faire connaître en quelques mots son mode d'administration et ses procédés de fonctionnement.

Nous avons dit que son capital social était divisé en 3,200 parts de 6,250 francs chacune ; l'acquisition de ces parts est réservée au personnel de la maison et leur cession à des étrangers ne peut être faite qu'avec l'agrément de l'assemblée générale de la Société qui est composée d'employés en activité ou d'anciens employés de la maison.

La répartition des bénéfices se fait de la manière suivante :

Il est d'abord fait prélèvement des frais généraux, du traitement de la gérance, de l'intérêt à 6 °/₀ du capital social et de la réserve statutaire.

Le surplus constitue le bénéfice net :

Il est attribué :

10 °/₀ à la réserve incendie.

40 °/₀ à la réserve statutaire portée à 30 millions.

Et 50 °/₀ aux associés proportionnellement à leur mise.

Les fondateurs du *Bon Marché* n'ont pas eu seulement en vue de procurer, par une large rémunération de 'eur travail, une situation matérielle satisfaisant à leurs employés, ils ont voulu faire plus et mieux en s'occupant de leur situation morale et e, les entourant des soins les plus attentifs. Les femmes, on le sait, et surtout les jeunes personnes, tiennent une certaine place dans l'organisation de maison : Rien n'est épargné pour leur assur dans leurs rapports avec les employés, le respect et les égards qui leur sont dus. Elles ont un réfectoire particulier, des cours spéciaux, leur salon de lecture et de récréation où elles peuvent faire entre elles de la musique ; celles qui n'ont pas leur famille à Paris sont logées dans l'hôtel particulier de Mᵐᵉ Bouoicaut où elles ont chacune leur chambre et sont soumises à un règlement dont la stricte observation est exigée.

Les jeunes employés ne sont pas l'objet de moindres soins ; ceux d'entre eux qui n'ont pas leur famille à Paris sont également logés dans un appartement spécial et indépendant des magasins ; logement, nourriture, soins médicaux, cours de langue et de musique, tout est gratuit. Des prix sont décernés pour stimuler l'émulation et les employés qui se distinguent particulièrement dans l'étude de l'anglais, vont passer 6 mois à Londres.

Aussi et sous l'influence de ces mesures intelligentes et libérales, le personnel du *Bon Marché* se recommande-t-il par des qualités exceptionnelles, et peut-on constater que le traitement dont il jouit, contribue à relever son niveau moral ; à lui donner une stabilité inconnue jusques là et à développer chez lui, l'esprit de famille et de discipline ; à augmenter son bien-être et à resserrer le lien qui l'unit à la maison.

Nous avons signalé plus haut une certaine analogie entre les débuts du Familistère de Guise et ceux du *Bon Marché*, et l'on peut remarquer, par les développements qui précèdent, que cette analogie s'est poursuivie jusqu'à la constitution définitive des deux Sociétés ; puisque, dans l'une comme dans l'autre, et grâce aux institutions libérales de leurs fondateurs, l'ouvrier et l'employé ont disparu pour faire place à l'associé ; que la fusion est complète entre eux et que cette fusion constitue un exemple de plus de la solution du problème qui nous occupe.

4° *Maison Alfred Mame et fils de Tours.*

La maison Mame, fondée en 1796, offre cette particularité remarquable qu'elle comprend aujourd'hui 3 générations de la famille du fondateur travaillant simultanément à son œuvre, et que son gérant actuel, M. Alfred Mame est en fonctions depuis le 8 janvier 1833.

La maison Mame est une vaste fabrique de livres qui produit annuellement près de 6 millions de volumes. Elle occupe 800 personnes qui reçoivent plus de 850,000 francs de salaires annuels et sont logées dans une grande cité ouvrière dont les habitations séparées entre elles, ont chacune leur petit jardin et sont disposées autour d'un square planté d'arbres qui sert de promenade commune à tous les locataires.

Pendant le cours de leur longue gestion, MM. Mame ne se sont pas bornés à procurer à leurs ouvriers les meilleures conditions d'hygiène et de moralité ; ils se sont en outre préoccupés d'améliorer leur situation pécuniaire au moyen d'institutions de prévoyance qu'ils ont successivement perfectionnées et qui sont parvenues à leur forme définitive à une époque mémorable de l'existence de la Société. — En 1893, M. Alfred Mame, célébrant le 60ᵉ anniversaire de son entrée en fonctions faisait, en effet, à cette occasion, à son personnel, en récompense de ses bons services, un don de 200,000 francs qui furent distribués aux ouvriers sur la base du prix de 4 journées, multiplié par le nombre d'années de présence.

MM. Mame saisissaient en outre cette occasion pour opérer dans l'organisation de leurs rapports avec leurs ouvriers une réforme fondamentale qui complète heureusement l'ensemble des institutions qui régissent leur maison. Jusqu'à la fin de l'année 1892, ils alimentaient, par des subventions gratuites, deux caisses destinées : l'une à servir des pensions de retraite à leurs ouvriers ; l'autre à leur assurer un droit de participation dans leurs bénéfices. En 1893, ces deux services ont fusionné et cette fusion a donné lieu à un règlement d'après lequel chaque collaborateur de la maison, touche la 1/2 du montant de sa part dans la participation ; la seconde 1/2 est versée en capital réservé aux héritiers à la caisse nationale des retraites et les patrons y ajoutent une somme égale. Il va sans dire que cette modification introduite dans l'intérêt des ouvriers et qui occasionne à MM. Mame un sacrifice annuel de 80,000 francs sur 850,000 francs de salaires, a donné des résultats satisfaisants ainsi que l'on peut s'en rendre compte par les exemples suivants pris dans la moyenne des situations des employés et ouvriers appelés à en bénéficier.

Employés. — Le droit à la participation d'un employé de 26 ans, aux appointements de 1,800 francs, étant de 216 francs ; il en touche la 1/2 ou 108 francs ; la 2ᵉ moitié augmentée du don de MM. Mame, soit ensemble 216 francs est versée à la caisse des retraites et assure : 1° à l'employé, en rente, à 55 ans 1,000 francs, à 60 ans 1,600 francs ; 2° et à ses héritiers, en capital réservé, à 55 ans 8,712 francs, à 60 ans 10,152 francs.

Ouvriers. — Un ouvrier de 30 ans touchant un salaire journalier de 5 francs, a droit dans la participation à 120 francs ; il en touche 60 ; les 60 de surplus augmentés de pareille somme par le don des patrons, soit 120 francs, lui assure une rente à 55 ans de 281 francs 50 ; à 60 ans de 458 francs 15 et réserve à ses héritiers ; un capital à 55 ans de 3,000 francs, à 60 ans de 3,600 francs.

Indépendamment de ces avantages, la maison Mame, a créé et entretient de ses deniers, des écoles, des crèches et des asiles, une boulangerie coopérative, deux Sociétés de secours mutuels ; sert des pensions aux veuves d'ouvriers, etc., enfin une dotation particulière, assure les soins médicaux et les médicaments gratuits aux ouvriers, à leurs femmes, et à leurs enfants.

Les résultats obtenus sont-ils à la hauteur de ces sacrifices ? Oui.

La stabilité du personnel est remarquable ; les rapports des patrons et des ouvriers, empreints d'une affection réciproque, sont excellents. Toute contestation entre eux est inconnue ; jamais essai de grève n'a été tenté. En somme la situation morale et matérielle de la maison est satisfaisante à tous égards, et peut être également proposée comme un exemple heureux de ce qui peut être réalisé au point de vue de l'union des patrons et des ouvriers.

5° *Papeterie coopérative d'Angoulême.*

La maison Laroche-Joubert et Cie occupe environ 1,000 ouvriers et ouvrières ; c'est en 1845 qu'elle a commencé à appliquer le régime coopératif et a intéressé à ses bénéfices les principaux collaborateurs qu'elle a admis en qualité de commanditaires ; son capital social fixé à 4,320,000 francs, est fourni par les 2 gérants et par 159 commanditaires parmi lesquels 113 employés ou ouvriers figurent pour 1,377,000 francs. Ses bénéfices sont répartis ; à proportion de 25 % au capital et pour le 75 % de surplus, au travail et à l'intelligence. La part attribuée à la participation est déterminée par un règlement de coopération et de participation arrêté en 1890. Les gérants et le conseil de gérance procèdent à sa distribution avec l'assistance d'un conseil coopératif dans lequel entre 9 membres élus par les coopérateurs majeurs.

Cette organisation a été pour les ouvriers de la papeterie, une source d'avantages dont un seul chiffre attestera l'importance ; dans la période des 12 années qui se sont écoulées de 1879 à 1890, le produit total des sommes attribuées, à titre de participation, aux collaborateurs de M. Laroche-Joubert a été de près de 1,500,000 francs.

6° *Imprimerie Nationale.*

Je n'ai qu'un mot à en dire : L'Imprimerie nationale n'est pas une maison industrielle instituée pour faire des bénéfices. Toutefois, et en raison de la participation qu'elle accorde à ses ouvriers dans les bonis de fabrication dus à son excellente organisation et à l'application de son personnel, elle a droit à une mention dans une étude qui a pour objet de décrire les divers procédés de rémunération actuellement employés dans l'industrie.

A l'Imprimerie nationale, la participation est basée sur l'ouverture par l'État d'une caisse particulière alimentée par les bonis de fabrication et par des versements de la part des ouvriers. Cette

caisse, destinée à servir des pensions variant de
5oo à 8oo francs, possédait en 1888, un fonds
capital de 185,4oo francs de rente provenant pour
les 2/3 de l'abandon des bonis de fabrication.

7° *Maison Piat.*

Cette maison qui a installé des ateliers à
Soissons dans le voisinage de la gare du chemin
de fer, a été fondée en 1831, et les institutions
ouvrières qu'elle a créées comprennent : 2 Sociétés
de secours mutuels, l'assurance contre les accidents du travail, une école d'apprentis, etc., et la
participation dans les bénéfices.

M. Piat se loue beaucoup des résultats qu'il a
obtenus au point de vue de la stabilité de son
personnel et de son application au travail, et il
n'hésite pas à les attribuer à la bienfaisante
influence du contrat de participation qui les ratta
che à sa maison.

8° *Compagnies d'Assurances contre l'incendie.*

Les Compagnies d'assurance ont établi, en
faveur de leurs employés, un système de participation qui présente certains caractères généraux
dont voici le résumé :

1° La fixation d'un quantum déterminé ;

2° L'emploi de tout ou partie de la participation dans un but de prévoyance, soit en pensions

de retraite, soit pour la création d'un patrimoine, en capitalisation à intérêts composés sur comptes ou livrets individuels ;

3° L'application, en cas de cessation prématurée des fonctions, de certaines déchéances, totales ou partielles, au profit de la masse.

Nota. — Ces déchéances n'ont, à aucun degré, le caractère d'une spoliation ou d'une confiscation puisqu'elles ont été librement acceptées par les intéressés et ne profitent pas aux patrons. Elles sont généralement considérées comme indispensables pour assurer la stabilité du personnel au profit des ouvriers et dans l'intérêt de l'établissement.

La pensée dominante qui, dans la plupart de ces compagnies, a présidé à la fondation d'institutions destinées à améliorer la situation présente et à assurer l'avenir des employés, a été la substitution au service des rentes viagères, d'un livret individuel sur lequel il est ouvert un compte à chacun d'eux. La Cie *d'Assurances générales* notamment, a ouvert, en 1850, à leur profit, une caisse de prévoyance possédant comme ressources : 1° une dotation de 150,000 francs accordée par le Conseil d'administration au moment de la constitution de la caisse ; 2° une attribution de 5 % dans les bénéfices nets de la Cie ; 3° un intérêt de 4 % bonifié chaque année au titulaire du livret. — Le capital ainsi formé devait d'abord servir à lui constituer, d'après son âge, une pension viagère, mais bientôt vint l'idée de créer un patrimoine à l'employé au lieu de placer son avoir à fonds perdu.

Cette innovation basée sur le double principe de la participation qui attribue au travailleur une portion des bénéfices dus à ses efforts, et du livret individuel qui conserve et capitalise pour sa famille ce précieux élément d'épargne, est particulièrement heureuse et a subi avec succès l'épreuve de l'adversité.

Les institutions adoptées par les autres compagnies, sont inspirées par le même esprit de prévoyance, et les variations de pure forme qu'elles présentent ne font que consacrer l'unité du principe ; ainsi, dans la Cie du *Phénix* les fonds provenant de la caisse de prévoyance sont employés en achats de rentes 3 % sur l'État ; à la *Nationale*, ils sont répartis entre les employés ; à l'*Union* et à l'*Urbaine*, le système des retraites viagères a été également abandonné et le produit de la participation est réglé en livrets individuels, c'est-à-dire en création de patrimoine ; la Cie du *Soleil*, au contraire, a continué le régime des rentes viagères, etc., etc.

Ce qui se dégage de cet ensemble, c'est l'heureuse et nouvelle idée de la constitution du patrimoine à l'aide de retenues sur les traitements. Aussi, frappé des avantages que promettait cette substitution, M. Léon Say, avait, en 1877, alors qu'il était ministre des finances, proposé au Sénat le remplacement du régime de la loi du 9 juin 1853 sur les pensions civiles, par la création d'une caisse de Prévoyance pour les fonctionnaires et employés. Le Sénat avait adopté ce projet, mais la Chambre des députés à laquelle il avait été envoyé, n'a pas statué et les choses sont demeurées en l'état.

9° *Compagnie des Chemins de fer d'Orléans.*

L'adoption du principe de la participation dans cette compagnie remonte à l'année 1845. Depuis cette époque, l'application qui en a été faite a subi de nombreuses modifications, motivées par l'extension du réseau et par l'exécution des conventions passées avec l'État. La participation est toujours basée sur des prélèvements opérés sur les bénéfices de la Cie, mais la diminution subie par ces derniers, ne permettant plus de faire à la fois la part du présent et celle de l'avenir, le règlement dut être remanié et se borner à consacrer le produit de la participation à la constitution des retraites.

Je pourrais multiplier ces exemples et vous entretenir de beaucoup d'autres établissements industriels qui sont entrés dans la voie que nous venons de parcourir et qui ont fait de louables efforts dans l'intérêt de leurs ouvriers ; je pourrais vous citer notamment :

1° La Maison Chaix, imprimerie centrale des chemins de fer ;

2° La Cie du Canal Maritime de Suez ;

3° L'Imprimerie Paul Dupont ;

4° La Cie de Fives-Lille (Nord) ;

5° La Maison de l'éditeur Masson ;

6° L'Imprimerie Godchaux ;

7° La Manufacture de Jumelles de M. Baille-Lemaire ;

8° Le Comptoir d'Escompte de Rouen ;

9° La Fonderie de caractères de M. Deberny et Cie ;

10° L'entreprise de Travaux publics Barbas-Tessart, etc., etc., etc.

L'organisation de ces établissements serait assurément intéressante à étudier ; mais le principe sur lequel ils reposent est le même et ne se distingue des exemples précédemment étudiés que par des nuances de détail, qui n'ajouteraient rien d'essentiel aux développements dans lesquels je suis entré, et qui vous mettront à même, je l'espère, de vous faire une idée suffisante, de l'état actuel de l'association dans notre pays.

D'ailleurs j'ai hâte d'arriver aux observations qui seront la conclusion de cette étude.

CONCLUSION.

Je crois avoir rempli, au moins dans la mesure de mes moyens, les deux premières parties du programme que je me suis proposé.

Dans la première partie, je vous ai présenté, dans un tableau rapide, le résumé des phases historiques par lesquelles a passé le principe de l'association depuis les premiers âges.

Dans la deuxième, j'ai décrit les diverses formes d'application que ce principe revêt de nos jours.

Je dois maintenant chercher à tirer de cet ensemble les déductions qu'il comporte et essayer, s'il est possible, de jeter un peu de lumière sur l'avenir réservé à l'association. En d'autres termes, je voudrais arriver à discerner, au milieu des diversités de l'heure présente, la formule qui se prêterait le mieux à l'accomplissement de l'œuvre de rapprochement que nous appelons de tous nos vœux.

La crise dans laquelle nous nous débattons, tient à une situation sociale qui n'est pas bonne. Le malaise dont souffre la Société, a-t-il sa cause dans les défectuosités de sa constitution ou dans l'état des esprits ? Quoi qu'il en soit, le mal existe et il est malheureusement trop réel, mais il est latent et il faudrait en étudier la nature afin de trouver le remède qui lui convient.

La tentative est considérable et je voudrais bien ne pas être trop au-dessous de l'effort qu'elle nécessite ; je l'essaierai néanmoins et si je ne réussis pas, j'aurai, au moins, la satisfaction d'avoir réuni des matériaux qui seront utilisés plus tard et par de plus habiles.

A mes yeux, la source du mal est dans l'état moral et dans l'état matériel de la Société actuelle ; on peut le résumer en deux mots : *Scepticisme et Égoïsme*, et le remède qui lui convient n'est pas contenu dans une formule unique, mais dans une série de progrès à réaliser au triple point de vue, moral, matériel et économique.

De ces divers progrès, le plus important serait, sans doute, celui qui se rattache à l'ordre moral, mais le plus urgent, à coup sûr, est celui qui touche aux intérêts matériels. « Lorsque les « esprits sont aigris par de longues souffrances » dit un savant économiste ; « quand la vie est « sans avenir et le cœur sans espoir, les leçons « de morale, les exhortations à la concorde et « à la résignation risquent fort d'être mal écoutées « et de demeurer stériles. »

Il faut donc déblayer le terrain et s'occuper de procurer à l'ouvrier les satisfactions qui apaiseront sa rancune, avant d'aborder le traitement moral qui sera mieux accueilli et complètera la cure. Or, quelles sont les premières satisfactions qu'il importe à l'ouvrier d'obtenir, si ce n'est celles qui se rattachent à la rémunération de son travail ? et c'est ainsi que nous arrivons naturellement au cœur même de notre sujet.

Nous avons parcouru la série des divers modes de rémunération adoptés dans un grand nombre de sociétés et nous avons ainsi passé en revue : Le salaire pur et simple ; le salaire additionné de gratifications, sur-salaires, primes, etc., etc., proposés en vue d'augmenter la quantité et d'assurer la perfection du travail ; nous avons cherché dans l'application du régime coopératif le moyen de diminuer la dépense journalière de l'ouvrier ; nous avons étudié les institutions patronales destinées à augmenter son bien-être ; puis, faisant un pas de plus, nous avons parlé de la participation. — Il s'agit maintenant de résumer et de comparer entre eux les mérites et les inconvénients de ces divers procédés.

Le *salaire*, c'est-à-dire le paiement à forfait d'une somme fixe pour une durée ou une quantité déterminée de travail, peut être considéré comme le mode fondamental de la rémunération de la main-d'œuvre ; c'est une sorte de concordat entre le capital et le travail ; il a, certes, ses mauvais côtés ; il n'éveille pas, à un degré suffi-

sant, le sentiment de la responsabilité, de l'émulation et de l'énergie au travail ; l'ouvrier, étranger et par suite indifférent au succès de l'entreprise à laquelle il collabore, ne s'occupe que de
sa paye et si elle est absorbée par les dépenses
nécessaires de sa vie, l'épargne, cette réserve de
l'avenir, lui devient impossible ; il demeure toujours exposé aux dangers des accidents, des
chômages, et des maladies, et, pour l'époque de
la vieillesse, il est fatalement voué à la misère.

Mais, par contre, le salaire a ses avantages et
ils sont sérieux : il n'expose pas l'ouvrier à subir
les crises résultant de l'avilissement des prix, de
la mévente des produits et autres accidents qui
peuvent atteindre le patrimoine des patrons ;
quoiqu'il arrive, qu'il y ait perte ou gain, que la
faillite anéantisse l'avoir de son patron, l'ouvrier
échappe aux suites de la catastrophe et conserve
intact le produit de son travail ; et ce qui prouve
que le salaire remplit un rôle utile, c'est qu'on le
retrouve à la base des associations de coopération
et de participation ; dans la coopération, un
salaire fixe, stipulé par les associés, est payé
avant que la vente des produits soit réalisée ;
dans la participation, un salaire est acquis avant
que le bénéfice soit constaté.

Donc, d'un côté, pas de risque ni de responsabilité ; mais de l'autre côté, pas d'initiative,
pas d'émulation, pas de prévoyance ; telle est la

situation que le salaire fait à l'ouvrier. — Il n'en est pas moins respectable et digne, et doit être honoré au même titre que le travail d'où il procède.

Le régime de la distribution des *sur-salaires, primes, gratifications*, etc., a bien aussi ses avantages ; il intéresse directement l'ouvrier au succès de l'entreprise et l'encourage à y contribuer par un redoublement de travail et de soin. Il produit davantage et mieux, ce qui lui permet d'augmenter ses ressources, de commencer quelques petites économies et d'acquérir ainsi les premières notions de l'épargne.

La *coopération* représente, elle aussi, un progrès sérieux dans la constitution ouvrière, mais elle a le malheur d'être en avance sur l'état des esprits, et l'expérience démontre que l'ouvrier est insuffisamment préparé à se servir d'un instrument qui exige des qualités d'ordonnance et de raison que l'avenir développera sans doute mais que la génération actuelle ne possède pas encore.

Cependant ces innovations n'ont pas été tout à fait stériles ; si elles n'ont pas complètement résolu le problème, elles en ont préparé la solution. Les ouvriers ne peuvent pas ne pas arriver à comprendre que leur isolement les condamne à l'impuissance et que leur avenir dépend de la propagation du système de l'association.

Les exemples que nous avons cités sont bien faits d'ailleurs pour les éclairer sur leurs véritables intérêts. Au fur et à mesure que la lumière pénètrera dans leur esprit, ces intérêts leur apparaîtront sous leur vrai jour et leur initiation se fera d'année en année. Ils se familiariseront avec la notion de la solidarité qui doit les rattacher à leurs patrons et se prêteront de plus en plus volontiers à en accepter le principe et l'application.

Le régime de la *participation*, dont nous avons longuement exposé les mérites, complètera leur éducation, et nous nous plaisons à espérer que la pratique de ce régime, poursuivie dans des sentiments de bienveillance de la part des patrons et de confiance de la part des ouvriers, parviendra à réaliser leur rapprochement dans leur intérêt à tous.

Est-ce à dire que l'on puisse dès à présent compter sur un apaisement définitif ? Et les conflits qui se produisent à propos du salaire ne se reproduiront-ils plus à propos du calcul et de l'attribution des produits de la participation ? A cette double question qui a déjà retenu notre attention, il est bien impossible de répondre par l'affirmative, mais le doute ne doit pas déconseiller les efforts ni décourager l'espoir. Le temps fera son œuvre : Plus rapprochés des patrons ; initiés aux affaires par la pratique de la participation ; unis dans une entreprise commune, les ouvriers connaîtront mieux ceux auxquels leur sort est lié ; ils se rendront un plus juste compte des difficultés inhérentes à toute gestion d'entreprise, de l'énorme responsabilité qui pèse sur leurs patrons. Ils auront devant les yeux les sacrifices considérables que ces derniers s'imposent en leur faveur. Ils se rappelleront que certaines compagnies, notamment celles d'Anzin, le Creuzot, Blanzy, consacrent chaque année à leur personnel et en dehors de son salaire, des sommes considérables qui vont de 1,100,000 à 1,600,000 francs, etc., etc. Ils comprendront enfin qu'un intérêt commun leur crée un devoir commun, celui de se rapprocher dans un accord sincère, inspiré par une bonne volonté réciproque, maintenu par le sentiment d'une solidarité active, et que ce n'est pas trop de tous ces éléments pour surmonter les difficultés de l'avenir.

Ce n'est pas tout encore, et si les patrons et ouvriers n'aperçoivent pas l'urgence de cette union, qu'ils jettent un instant les yeux sur l'étranger ; qu'ils mesurent les dangers dont les menace une concurrence effrénée contre laquelle ils luttent avec tant d'énergie, et ils sentiront, les uns et les autres, que le moyen le plus sûr d'écarter ces dangers et de maintenir notre pays au rang qu'il occupe et dont il serait criminel de le laisser déchoir, c'est de mettre résolument de côté les divergences de vues qui les séparent ; de ne pas hésiter à faire, de part et d'autre, toutes les concessions nécessaires en vue d'une transaction ; de renoncer surtout à l'odieux emploi des grèves qui ne tendraient à rien moins qu'à anéantir notre industrie au profit de l'étranger ; de ne pas oublier, en un mot, qu'en cette matière, l'intérêt patriotique se confond avec celui des classes laborieuses et qu'à ce double titre, un devoir impérieux s'impose à tous, et commande de ne reculer devant aucun sacrifice pour arriver à rapprocher tous les Français dans un même sentiment d'union inté-rieure et de défense contre l'étranger.

APPENDICES

LE MOUVEMENT COOPÉRATIF EN FRANCE

PENDANT LES DIX DERNIÈRES ANNÉES.

L'histoire de l'évolution de l'idée coopérative en France, comprise entre son origine et l'année 1893, peut se résumer en trois périodes.

La première coïncide avec la révolution de 1848 et se manifeste uniquement sous la forme de Sociétés de production ; mais son apparition, hâtivement provoquée par l'effervescence des idées nouvelles écloses à la suite de ce mouvement, devait être éphémère comme lui, et l'on a pu voir, dans la partie historique de cette étude, à quel avortement elle aboutit trois ans à peine après sa naissance.

La deuxième période s'ouvre en 1863 : L'occasion était propice ; on savait l'Empereur favorable, au fond, à la cause des idées socialistes, et les ouvriers, croyant pouvoir compter sur son appui, reprirent leur programme de 1848 et y firent entrer, non seulement la production, mais la consommation et le crédit. Finalement cette tentative ne réussit pas plus que la première, et il ne reste plus guère aujourd'hui, des créations de cette époque, que la Société coopérative du xviiie arrondissement de Paris, dont il a été parlé au chapitre des Sociétés de consommation.

Enfin la réunion des premiers congrès ouvriers de Paris et de Lyon, en 1876 et 1877, remit pour la troisième fois la question à l'étude et imprima un nouvel élan au mouvement coopératif. A l'unanimité, la sixième commission du Congrès de Paris se prononçait en faveur de l'association coopérative : « comme moyen radical d'affran- « chissement du travail et de suppression du « paupérisme » ; en 1878, le Congrès ouvrier de Lyon décidait que « les chambres syndicales « devraient mettre tout en œuvre pour l'éta- « blissement de Sociétés générales de consom- « mation, de crédit et de production. »

Cependant une année ne s'était pas écoulée qu'une note discordante se faisait entendre : Au Congrès de Marseille, en 1879, une nouvelle école, jeune, ardente et qui, encore aujourd'hui, tient l'opinion publique en éveil, *l'école collectiviste* obtenait, à une forte majorité, l'abandon de ces deux résolutions et faisait prévaloir la solution collective qui ne mènerait à rien moins qu'à l'ap- propriation collective du sol.

C'est à la suite de cette division qui dispersa

momentanément les éléments du parti coopératif que s'ouvre, en 1883, à Nîmes, une quatrième phase qui a pour caractéristique : *Le principe de solidarité* et pour instrument la préparation d'un *projet de fédération* entre les diverses sociétés coopératives tant de la France que de l'étranger. Une première réunion, à laquelle quatre-vingt-cinq associations s'étaient fait représenter, eut lieu à Paris le 27 Juillet 1883 et décida la convocation annuelle d'un congrès dans lequel seraient traitées toutes les questions intéressant les sociétés fédérées. Cette décision reçut, en effet, son exécution, et, depuis cette époque, une réunion de ces sociétés se tient chaque année, soit à Paris, soit dans une grande ville de la province désignée à l'avance.

La corporation entretient en outre plusieurs publications périodiques ; donne des conférences publiques ; distribue des brochures et circulaires, etc., possède, en un mot, un mécanisme assez bien monté et qui fonctionne d'une manière satisfaisante. — Cependant les résultats obtenus ne répondent pas aux espérances : Sur environ 1,000 sociétés coopératives qui existent en France, 150 à peine ont adhéré à la fédération et encore doit-on constater beaucoup de tiédeur et d'irrégularité dans le versement de la cotisation qui, pourtant, a été réduite à 0,05 c. par membre et par année.

D'où vient que cette institution qui semble favorable aux classes ouvrières ne rencontre pas plus de faveur auprès d'elles et que les sociétés coopératives hésitent à se réunir à un groupe unique qui concentrerait et solidariserait la défense de leurs intérêts ?

Il y a, à cela, plusieurs raisons qui peuvent se résumer ainsi :

1° L'incertitude de la législation ;

2° L'hostilité du petit commerce ;

3° Les questions de personnes, les divisions politiques et religieuses ;

4° L'absence de foi dans la valeur de l'idée coopérative ;

5° Les divergences de doctrines, les querelles intérieures, le défaut de discipline ;

6° L'attitude des trois grandes écoles économiques qui divisent la France.

1° *La législation.* — Les sociétés coopératives existant actuellement se sont formées sous l'empire de la loi de 1867 qui les désigne sous le nom de *Sociétés à capital variable* ; et c'est encore cette loi qui les régit aujourd'hui. Ses dispositions, complétées par l'interprétation qu'elles ont reçue de la jurisprudence, établissent ainsi la condition de ces sociétés :

Elles acquièrent la personnalité juridique ;

Elles obtiennent le privilège d'émettre des

actions de 5o', jusqu'à concurrence d'un capital social maximum de 20,000 francs.

Elles sont affranchies de l'impôt de la patente et de celui de 4 % sur le revenu.

Cependant, et en dépit de ces privilèges, la constitution des sociétés coopératives continuait à rencontrer des difficultés ; des réclamations nouvelles se faisaient entendre ; on demandait que la loi de 1867 fût amendée tout au moins sur les trois points suivants :

Simplification des formalités ;

Abaissement du chiffre de l'action ;

Interdiction de l'emploi abusif du titre coopératif par des entreprises commerciales ordinaires, en vue de profiter des exemptions attachées à ce titre.

Pour donner à ces demandes la satisfaction à laquelle on reconnaissait qu'elles avaient droit, un projet de loi spécial aux sociétés coopératives a été déposé le 30 mai 1888 ; ce projet proposait les réformes suivantes :

Ses formalités étaient notablement simplifiées;

La valeur de l'action abaissée à 5' quelle que fût l'importance du capital social.

Pour éviter l'usurpation du titre coopératif par les entreprises de pure spéculation, la part du capital social était rigoureusement limitée pour chaque sociétaire à un minimum de 5,000 francs.

Les privilèges relatifs à l'exemption de l'impôt

des patentes, de l'impôt sur le revenu, etc., etc.,
étaient expressément confirmés.

Ces propositions constituaient une véritable
amélioration ; mais elles sont encore aujourd'hui
à l'état de projet ; elles ont subi, à diverses
reprises, l'épreuve de la discussion devant le
parlement, mais jusqu'à présent les deux Chambres n'ont pu s'accorder sur une résolution commune.

2° *L'hostilité du petit commerce.* — On sait
quelle place importante occupe le commerce de
détail dans notre pays ; le nombre des petits
boutiquiers y est plus considérable que partout
ailleurs et malgré la concurrence effrénée qu'ils
se font entre eux, ils tiennent à leur industrie et
ne veulent, à aucun prix, se laisser entamer. Il
est donc naturel qu'ils professent une vive
animosité contre les établissements coopératifs
qui réduisent leurs bénéfices et qu'ils se liguent
pour enrayer, autant qu'ils le peuvent, la création
de nouveaux groupes. Leur nombre, et l'influence
électorale dont ils disposent, en font des adver-
saires redoutables avec lesquels le Gouvernement
et les municipalités doivent compter et impriment
à la lutte qu'ils soutiennent avec persévérance,
un caractère de gravité qui ne permet pas d'en
prévoir l'issue. — Il y a là assurément et, pour
longtemps encore, un sérieux obstacle au développement des sociétés coopératives de consommation.

3° *Les questions de personnes et les divisions politiques et religieuses.* — Le tempérament particulier à la race française, crée de son côté, une nouvelle cause de ralentissement à la propagation des sociétés coopératives. Quand il s'agit, chez nous, dit un savant économiste, de grouper les individus en associations et les associations en fédérations, on rencontre des résistances souvent invincibles qui sont de diverses natures : Indépendemment de l'aversion que les Français, et notamment les ouvriers, éprouvent à être gouvernés par leurs Pairs, ce sont des divisions politiques ou religieuses, ou simplement des questions de personnes qui compromettent les tentatives de rapprochement et souvent les font avorter. Personne ne consent à abandonner une partie de son indépendance ou de son patrimoine au profit d'un gouvernement central ; partout l'esprit de discipline fait défaut, et l'on est parfois tenté de se demander si la forme d'une association qui concentrerait toute autorité et toute action dans les mains de l'État n'aurait pas la chance d'être plus facilement accueillie, et si les ouvriers ne se montreraient pas plus dociles aux ordres d'un agent de l'administration qu'à ceux d'un camarade associé.

Il serait en outre à désirer que l'on pût grouper, sous une direction commune, les sociétés coopératives et les syndicats agricoles qui ne sont, au fond, que de véritables sociétés coopératives de consommation, et cette fusion a été tentée en effet ; mais il a fallu reconnaître que la question n'est pas mûre encore et que le terrain ne se prête pas actuellement à la solution des difficultés matérielles d'organisation qu'elle entraînerait. — Il existe d'ailleurs, entre les deux groupes, dont le premier est libre-échangiste et le deuxième protectionniste, une profonde divergence de doctrines économiques, et il faut se résigner à attendre de l'action du temps, la réalisation d'un accord entre eux.

4° L'absence de foi coopérative. — Tandis qu'en Angleterre l'idée coopérative est une véritable religion, nous devons avouer que la foi, chez nous, n'existe que dans un très petit nombre de sociétés : La plupart des ouvriers n'y voient qu'une question de boutique et il suffit que l'exercice d'une seule année se solde sans bénéfice pour amener la dispersion des associés ; là encore, il y a peu de chose à faire ; la pratique prolongée de la coopération ; la mise en relief des avantages dont elle est la source, peuvent seules introduire, dans nos mœurs économiques, une modification qui préparera l'esprit de nos ouvriers à entrer, de plus en plus, dans la voie que nous tracent les nations étrangères et à leur démontrer l'intérêt qu'ils ont à suivre leur exemple.

5° *Divergences de doctrines*. — Sur ce point, et sans entrer dans le détail des dissidences de principe qui se sont produites dans le sein de la coopération, nous nous bornerons à signaler la formation de deux grands partis que l'on pourrait désigner : L'un sous le nom de *coopératisme conservateur*, et l'autre sous le nom de *coopératisme collectiviste*, et à noter les traits principaux qui les distinguent : Le premier préconisant tout d'abord l'association de consommation comme plus facile à organiser, plus favorable à l'intérêt général, et recommandant l'emploi de ses bénéfices exclusivement au profit du bien être des ouvriers ; le deuxième conseillant au contraire d'affecter ces bénéfices à la commandite des sociétés de production.

Enfin et à côté de ces deux partis, il ne faut pas perdre de vue le système de la participation aux bénéfices dont M. Charles Robert s'est fait l'apôtre ; qu'il défend avec la haute autorité de sa compétence dans le débat et qui lui apparaît comme l'élément essentiel d'une transformation complète de l'ordre économique.

6° *L'attitude des Grandes Écoles*. — Les trois grandes écoles qui divisent la France pourraient, suivant l'attitude qu'elles adopteraient vis-à-vis de la coopération, exercer sur son présent et sur son avenir, une influence considérable ; il est donc intéressant d'étudier cette attitude. En général elle se manifeste, dans l'école libérale, sous la forme d'une indifférence dédaigneuse ; dans l'école catholique par une sourde opposition, et dans l'école socialiste par une hostilité ouverte. A quel mobile obéissent ces trois écoles et quelle est la raison de ces dispositions malveillantes ?

École libérale. — Il semblerait qu'elle dût être favorable aux sociétés coopératives. Le principe sur lequel elles reposent n'est-il pas en conformité avec son idéal ? N'ont-elles pas, toutes deux, pour moteur l'initiative individuelle, pour moyen la libre association, pour but la transformation légale et pacifique de la situation économique de notre pays ? Ne sont-elles pas indépendantes, comme elle, de toute action de l'état ? Assurément... mais quelques unes de ces sociétés, les plus avancées naturellement, se proposent de supprimer le salariat et les intermédiaires, et menacent de réduire le capital au rôle de simple salarié... Voilà ce qui inquiète l'école libérale ; voilà ce que repousse son représentant le plus autorisé, M. Leroy-Beaulieu, qui va jusqu'à déclarer le salariat « un mode normal définitif, la forme par excellence du contrat libre, une libération ».

École catholique. — On ne peut pas dire que cette école ait jamais témoigné d'une hostilité ouverte contre le mouvement coopératif, mais elle ne fait rien pour le propager. Sa manière de concevoir le rôle de la coopération s'éloigne, en effet, des idées qui tendent à prévaloir parmi les partisans de cette forme d'association. Tandis que, pour ces derniers, la société coopérative est une petite république gouvernée par les coopérateurs eux-mêmes, où le capital ne joue qu'un rôle subordonné, un milieu régi par le droit social nouveau ; aux yeux des catholiques, la société coopérative ne devrait être qu'une sorte d'économat dirigé par les patrons ou par des capitalistes qui restent maîtres de l'institution et ne laissent aux ouvriers qu'une part de gouvernement de pure forme. Si cette divergence explique l'attitude de l'école catholique, elle ne permet guère de prévoir un retour de sa part à des dispositions plus bienveillantes.

École socialiste. — Les tendances de l'école catholique devraient, semble-t-il, dicter à l'école socialiste une attitude nettement favorable à la coopération ; il n'en est cependant pas ainsi : L'idée coopérative est trop bourgeoise pour les socialistes, de même qu'elle est trop socialiste pour les libéraux et trop libérale pour les catholiques ; et, de fait, les renseignements fournis par la statistique établissent que, non seulement les sociétés coopératives se composent principalement de bourgeois, d'employés et de petits artisans, mais encore que les ouvriers qui en font partie se distinguent par leur éloignement pour les idées socialistes. Il est en outre à remarquer que, dans leurs congrès, les socialistes ne manquent pas une occasion de témoigner de leur défiance vis-à-vis des sociétés coopératives qui ont à leurs yeux, le grand tort d'être bien vues du Gouvernement.

Tel est, dans son ensemble, le tableau de la situation actuelle de la coopération en France. On voit qu'il n'est pas brillant et qu'elle a à lutter contre des dispositions qui ne peuvent que ralentir son développement normal. Que peut-on augurer de son avenir ? Et quelle sera l'issue des tiraillements au milieu desquels elle se débat ? Se laissera-t-elle pénétrer par le socialisme ? Et si la fusion s'opère, quelles conséquences en ressortiront pour l'avenir de notre organisation économique ? Ces questions sont graves et il serait bien difficile d'y répondre ; ce que l'on doit souhaiter, sinon espérer, c'est que les partis unissent tous leurs efforts, dans un esprit de conciliation réciproque, absolument indispensable pour aboutir à une organisation rationnelle de notre état social.

Nota. — Les documents qui précèdent sont extraits d'une étude *sur le mouvement coopératif en France*, publié en 1893 par un savant économiste, M. Charles Gide, professeur à la faculté de Montpellier, qui dirige avec talent et autorité, la *Revue d'Économie politique*, l'un des plus importants organes de l'idée coopérative.

2°

Notice sur la vie de Monsieur Leclaire.

M. Leclaire appartenait par son origine à la classe qui devait occuper toutes les pensées de sa vie. Fils d'un pauvre ouvrier cordonnier du département de l'Yonne, il fréquente jusqu'à dix ans l'école de son village, à douze ans il garde dans les champs les porcs, les moutons et les vaches ; puis il devient l'apprenti de son beau-frère qui est à la fois, tailleur de pierres, maçon et couvreur, et l'aide à gagner 1 fr. 25 par jour, frais de nourriture non compris ; plus tard il est, suivant les saisons, maçon, cultivateur, mois-sonneur ou batteur en grange et son salaire finit par s'élever à o fr. 50° par jour.

Mais Paris l'attire ; il sent qu'il a quelque chose à y faire et un jour à dix-sept ans, il débarque sur le port du Mail. Ses débuts sont dûrs ; il entre au service d'un entrepreneur de peinture qui lui met la hotte sur le dos, lui donne dix cen-times par jour, le pain à discrétion et le soir la soupe à la cuisine. Tel est son genre de vie pen-dant trois ans, mais il est plein de courage et de résignation, malgré l'exiguité de son salaire, il suffit à ses besoins ; son assiduité au travail, son aptitude et sa bonne conduite lui gagnent l'estime et l'affection de son patron ; sa situation se consolide et s'améliore ; il voit son salaire s'élever, reçoit des gratifications au jour de l'an et fait de petites économies qui lui permettent de venir en aide à sa mère et de s'affranchir du service militaire.

Ces chiffres sont curieux à rappeler et à mettre en parallèle avec ceux d'aujourd'hui et l'on comprend que M. Leclaire ait pu dire, en 1867, à ses ouvriers réunis autour de lui « nos apprentis, ici présents, pourront juger de la différence qu'il y a entre la manière dont ils sont traités et celle dont je l'ai été moi-même ».

Après avoir surmonté ces premières difficultés, M. Leclaire commence à prendre son assiette ; il emprunte des livres à son patron pour compléter son instruction ; fait des progrès rapides dans son métier ; devient décorateur et gagne 6 et 8 francs par jour ; puis il se marie et s'établit comme peintre vitrier avec un capital de moins de 1,000 francs. — Il n'a que vingt-six ans, mais il est plein d'audace et la communique à ses ouvriers qu'il domine et entraîne. Il leur alloue un salaire supérieur à celui de ses confrères et malgré cela, il gagne de l'argent, et, à la fin de l'année, après son inventaire, il encourage les meilleurs de ses ouvriers par des cadeaux, couverts d'argent, pendules etc., etc. Deux ans après il n'hésite pas à soumissionner une entreprise de 20,000 francs ; excite le zèle de ses ouvriers en leur offrant un salaire de 5 francs par jour au lieu de 4 francs et réalise un bénéfice net de 6,000 francs. Ce succès l'enhardit et lui porte bonheur ; plusieurs architectes s'intéressent à lui et lui attirent la clientèle de riches propriétaires et de grandes administrations.

En 1838, il fonde, pour ses ouvriers, la caisse de prévoyance et de secours mutuels, qui prendra dans la suite un développement considérable et à laquelle il réservera dans sa société un rôle de commanditaire absolument remarquable et sans précédent.

Ce n'est pas le lieu de rappeler ici ce que fut M. Leclaire comme industriel, tout ce qui se rapporte à ce côté de sa vie a été exposé ailleurs et l'on sait à quel degré de prospérité il a porté sa maison de Paris.

Mais au milieu de cette prospérité, une préoccupation le trouble ; l'emploi du blanc de céruse dans la peinture exposait ses ouvriers à de terribles maladies, alors désignées sous le nom de coliques saturnines, coliques de plomb, etc., et son atelier n'était pas épargné. Il fait une enquête et constate que, sur 63 ouvriers malades,

19, c'est-à-dire 30 %, avaient eu la colique de plomb ; sa résolution est bientôt prise et il aborde la question de front.

Le remède n'était pas facile à trouver : Il fallait supprimer l'emploi du blanc de céruse, comment le remplacer ? Pour une recherche de cette nature il était indispensable de posséder des notions de chimie industrielle. Cette considération n'arrête pas M. Leclaire, il se fait chimiste et après une série d'études et de travaux, dans lesquels il a l'honneur d'être guidé par l'illustre M. Chevreuil, il découvre, dans le blanc de zinc, un agent inoffensif qui peut remplacer le blanc de céruse et mettre enfin un terme à son action meurtrière. Cette découverte fit révolution dans les habitudes du métier et valut à son auteur les plus flatteuses félicitations des corps savants, et il raconte lui-même avec une légitime satisfaction qu'en 1848, 1849 et 1850 il reçut successivement, de la Société d'encouragement, une médaille d'or ; de l'Institut, un prix Montyon et du Gouvernement, la croix de la Légion d'honneur.

Cet épisode de la vie de M. Leclaire valait la peine d'être noté ; il montre que M. Leclaire n'était pas seulement doué de la haute capacité d'organisateur et d'administrateur qui avait fait le succès de sa maison commerciale, mais qu'il possédait les qualités de cœur et d'intelligence qui ont fait de lui un novateur et lui méritent le titre de bienfaiteur de l'humanité.

M. Leclaire abandonne en 1865 la direction de son établissement de Paris et se retire à Herblay où il possède une petite maison de campagne ; mais il ne peut se résigner à y vivre inactif ; le 22 septembre 1865, il accepte, pour deux ans, les fonctions de maire et là encore il se manifeste novateur et administrateur hors ligne.

Le nouveau maire se double d'un publiciste ; à son entrée en fonctions, il publie et distribue à ses administrés, sous la forme d'une brochure ayant pour titre : *Vœux d'un maire*, le programme des améliorations qu'il se propose de réaliser dans sa commune et se met résolument à l'œuvre. Il ouvre une salle d'asile et un marché ; fonde une bibliothèque scolaire et communale, des cours d'adultes pour les filles et les garçons et une caisse des écoles. Il organise le bureau de bienfaisance, la société de secours mutuels et la compagnie de sapeurs-pompiers ; établit un système d'éclairage des rues et fait dresser le plan général et contradictoire des chemins ruraux pour en fixer l'assiette.

Sous son impulsion, les travaux communaux s'exécutent comme par enchantement ; grâce au concours volontaire et désintéressé des habitants, l'Eglise et le clocher sont restaurés, les chemins et trottoirs rectifiés, etc., etc., et à son départ il prépare l'organisation d'une crèche, d'un orphéon, et d'un service d'eaux potables dans les habitations et sur les places publiques.

Pour se maintenir en relations constantes avec ses administrés et pour établir avec eux une communauté de vues qu'il considère comme un élément d'harmonie et un gage de succès, il a l'ingénieuse idée de faire placarder sur les murs de la commune, des entretiens périodiques destinés à consulter les habitants sur les mesures qu'il projette, à recueillir leurs avis et à provoquer l'examen critique des actes de son administration, instituant ainsi une sorte de *référendum* préalable, de nature à éviter toute protestation contre des mesures qui auraient ainsi subi l'épreuve de la discussion publique avant d'être mises à exécution.

M. Leclaire était trop pénétré de l'efficacité de l'association et l'expérience de sa maison de Paris lui avait trop bien réussi pour qu'il ne fût pas tenté de la renouveler et c'est ce qui lui arriva dans sa retraite à Herblay.

L'excessive division de la propriété rurale dans cette commune qui, sur un territoire de 1,159 hectares de superficie, se décompose en 23,035 parcelles cultivées par 625 habitants, lui fournissait l'occasion d'apprécier les inconvénients qu'entraîne l'exploitation individuelle. Emploi incomplet du temps, du personnel et du matériel ; accumulation coûteuse de forces actives non utilisées ; mauvais emploi des engrais ; diminution des produits ; en un mot, pertes de toute nature résultant du morcellement des terres et de l'isolement du travail. — Tel est le tableau qu'il a sous les yeux et qui lui inspire un projet hardi, prématuré à coup sûr, mais dont il veut au moins déposer le germe dans l'esprit de ses administrés.

Ce projet ne visait à rien moins qu'à mettre la commune d'Herblay en société et à charger cette société de l'exploitation du territoire.

M. Leclaire l'organisait sur les bases habituellement adoptées pour les sociétés en commandite. Les habitants de la commune, désireux d'en faire partie, se constituaient en assemblée générale de sociétaires ; cette assemblée élisait dans son sein une commission de quinze membres chargée de la surveillance des affaires sociales ; elle nommait en outre un directeur qui réglait et surveillait les travaux d'exploitation.

Figuraient dans la Société :

1° Les habitants propriétaires pour le chiffre de capitaux et valeurs mobilières qu'ils pouvaient mettre à la disposition de l'association ;

2° Les travailleurs non propriétaires pour la

valeur en argent du travail qu'ils fourniraient
effectivement ;

3° Et les habitations et propriétés rurales de
toute nature pour la valeur vénale qui leur serait
attribuée par la Commission.

Le tout représentait un apport social figuré
par un chiffre.

L'exploitation était unique ; les produits étaient
concentrés dans des magasins communaux et
réalisés pour le compte de la communauté ; quant
à la répartition de ces produits, elle était réglée
d'après les procédés employés dans la maison de
Paris, c'est-à-dire qu'il était fait masse de tous les
apports en argent, en nature et en travail et que
les bénéfices résultant de l'exploitation étaient
attribués aux intéressés au prorata de leur contri-
bution aux opérations de la société.

Il ne fut pas, bien entendu, donné à M. Leclaire,
de mettre ce curieux projet à exécution, mais il
en a rédigé des statuts très précis, très détaillés,
réservant à l'avenir le jugement qu'il conviendrait
de porter sur la valeur de sa conception.

M. Leclaire passe les dernières années de sa
vie à Herblay, recherchant la solitude et le repos,
en ermite, comme il aimait à le dire, afin
d'éloigner les importuns ; mais jamais il ne se
désintéressa de ses anciens ouvriers auxquels il
venait en aide dans leurs besoins. En novembre

1871, il publia une petite brochure où il mit tout son cœur et dans laquelle il résume ses vues sur les rapports du capital, du travail et du talent, couronnant ainsi dignement toute une carrière vouée au sort des ouvriers. — La mort y mit un terme le 13 juillet 1872.

En dépit de tout ce qu'il avait fait de bien dans sa vie, M. Leclaire avait une singulière prétention, il se défendait d'avoir obéi exclusivement à un sentiment d'humanité ; il soutenait qu'en s'occupant comme il l'avait fait de ses ouvriers, il n'avait eu qu'un but, celui d'exciter leur zèle pour le profit qui devait en revenir à sa maison : en d'autres termes il prétendait avoir été plutôt habile que généreux. M. Leclaire ne se calomniait ainsi que pour se soustraire aux manifestations de reconnaissance et aux éloges qui effarouchaient sa modestie.

Je puis personnellement fournir un exemple de cette disposition de son esprit, en reproduisant ici quelques extraits de la lettre qu'il m'a fait l'honneur de m'adresser le 28 juin 1869, en réponse à ma proposition de publier sa biographie ; et c'est par là que je terminerai le tableau que j'ai cru devoir vous soumettre.

« Monsieur,

« Monsieur Charles Robert, Conseiller d'État, « secrétaire général du ministère de l'Instruction « publique, m'a communiqué le travail que vous

« avez pris la peine de faire sur ce que j'ai mis
« en pratique dans ma maison ; votre travail est
« une biographie aussi complète qu'elle peut l'être
« d'après ce que j'ai rendu public de mon
« existence.

« ..... Je suis très honoré de tout ce que vous
« dites de flatteur à mon égard, veuillez en
« recevoir tous mes remerciments. Mais malgré
« les précautions que vous prenez pour atténuer
« l'effet que pourraient produire les louanges
« dont vous voulez bien m'honorer, je vous
« demande la permission de vous dire, Monsieur,
« que si votre travail était livré à la publicité, je
« n'en éprouverais pas seulement une grande
« gêne, mais j'en souffrirais beaucoup.

« M. Charles Robert, sur les observations que
« je lui ai faites à cet égard, m'a répondu que
« vous aviez tenu à rendre hommage à un homme
« qui avait cherché à être utile, mais que vous
« n'étiez pas éloigné d'ajourner la publication
« de votre travail... Je tiens avant tout à ce que
« personne ne puisse s'imaginer qu'un sentiment
« d'orgueil m'a fait agir. »

Bibliographie.

1. *Histoire des classes ouvrières en France depuis la conquête de J. César jusqu'à nos jours*, par M. E. Levasseur, membre de l'Institut (4 vol. Hachette).

2. *Rapports du Jury international de l'Exposition universelle de 1889.* — Groupe de l'économie sociale (Imprimerie Nationale).

3. *Le mouvement coopératif en France dans les dix dernières années,* par M. Ch. Gide, professeur à la Faculté de droit de Montpellier (Extrait de la *Revue d'Économie politique,* 1893).

4. *Statuts et réglements* de la maison Leclaire et Cⁱᵉ. — Situation de la Société au 31 mars 1894 (Imprimerie Chaix).

5. *Statuts et réglements* de la maison du Bon-Marché. — Situation de la caisse de Prévoyance et de Secours mutuels en 1895.

6. *Bibliographie d'un homme utile.* — Conférence de M. Ch. Robert à l'Assemblée générale des Sociétés du travail, au Palais du Trocadéro, le 1ᵉʳ septembre 1878.

7. *Les Grandes usines de Turgan.*

8. *Procès-verbal* de l'Assemblée générale de la Société du Familistère de Guise, du 6 octobre 1895.

9. Le *Devoir*, revue des Questions Sociales, publiée sous la direction de Madame veuve Godin.

10. *Notice* sur le Val-des-Bois. — Inventaire du 31 mars 1895.

11. *Institutions Patronales* de la maison A. Mame de Tours.

12. *Projet de caisse de Prévoyance pour Sociétés Industrielles*, par M. J. Henrivaux (Tours, Paul Bousrer).

13. *Patrons et Ouvriers de Paris*, par A. Fougerousse (Guillaumin).

14. *Causeries* d'un maire avec ses administrés.

15. *Rapport sur la coopération de production dans l'agriculture*, adressé en 1894, par M. le comte de Rocquigny à M. le Ministre du Commerce, etc., etc.

TABLE DES MATIÈRES

Chapitre III.

Chapitre IV.

APPENDICES :

REVUE
D'ÉCONOMIE POLITIQUE

(10ᵉ ANNÉE)

COMITÉ DE DIRECTION :

Paul CAUWÈS,
Professeur à la Faculté de droit de Paris.

Charles GIDE,
Professeur à la Faculté de droit de Montpellier.

Dʳ Eugen SCHWIEDLAND,
Vienne.

Edmond Villey,
Doyen de la Faculté de droit de Caen,
Correspondant de l'Institut.

Henri St-Marc,
Professeur à la Faculté de droit de Bordeaux,

SECRÉTAIRE DE LA RÉDACTION

*Avec la collaboration d'un grand nombre d'économistes
français et étrangers.*

Abonnement annuel : FRANCE **20** fr., COLONIES ET ÉTRANGER **21** fr.

Les neuf premières années parues 1887 à 1895 . . . . **130** fr.

———

COURS
D'ÉCONOMIE POLITIQUE

CONTENANT

Avec l'exposé des principes l'analyse des questions de législation économique

PAR

Paul CAUWÈS

PROFESSEUR A LA FACULTÉ DE DROIT DE PARIS

Troisième édition 4 volumes in-8° . . . . **40** fr.

———

Cours de Science Sociale. La Science Sociale traditionnelle par Maurice HAURIOU, professeur à la Faculté de droit de Toulouse, 1896, 1 vol. in-8° . . . . . **7** fr. **50**

Principes d'économie politique, par Charles GIDE, professeur d'Économie politique à la Faculté de droit de Montpellier, 5ᵉ édition, revue et augmentée. 1896, 1 vol. in-12. . . . . **6** fr.

Traité élémentaire d'Économie politique et de législation économique, par Edmond VILLEY, professeur d'Économie politique à la Faculté de droit de Caen. 1885, 1 vol. in-8° . . . . **10** fr.

La question des salaires ou la question sociale, par Edmond VILLEY, professeur d'Économie politique à la Faculté de droit de Caen. Ouvrage récompensé par l'Institut. 1887, 1 vol. in-12. Prix . . . . **3** fr. **50**

Essai sur la théorie du salaire. La main-d'œuvre et son prix, par P. V. BEAUREGARD, professeur agrégé à la Faculté de droit de Paris. 1887, 1 vol. in-8° . . . . **10** fr.

Essai sur le Crédit Agricole Mobilier, par Georges BAILLET, Docteur en droit, Avocat à Laon. 1887, 1 vol. in-8 . . . . **4** fr.

9 782016 116159